elefante

CB026801

conselho editorial
Bianca Oliveira
João Peres
Tadeu Breda

edição
Luiza Brandino
Tadeu Breda

assistência de edição
Natalia Engler

preparação
Fabiana Medina

revisão
Tomoe Moroizumi
Eduarda Rimi

projeto gráfico
Leticia Quintilhano

ilustração de capa
Denise Matsumoto

capa & direção de arte
Bianca Oliveira

assistência de arte
Sidney Schunck

diagramação
Fernando Zanardo

tradução
Julia Dantas

bell hooks

comunhão
a busca das mulheres pelo amor

*Para todos vocês que dançam
comigo no círculo do amor.
Para Anthony, com quem
eu giro, e giro, e giro.*

Há um eros presente em todo encontro, e isso também é sagrado. Basta ouvir interiormente as histórias e as ressonâncias da palavra que usamos para a experiência religiosa. Em sânscrito, a palavra *satsang*, que pode ser traduzida como "encontro", significa "reunião divina". No idioma inglês, a palavra *common* se conecta pela palavra "comunicar" a "comunhão" [...]. Existir em estado de comunhão é estar ciente da natureza da existência.

— Susan Griffin

prefácio à edição brasileira
Lívia Natália, **10**

prefácio
a alma busca comunhão, **24**

01. envelhecer para amar, amando envelhecer, **34**
02. o lugar adequado do amor, **50**
03. procurar amor, encontrar liberdade, **66**
04. encontrar o equilíbrio: trabalho e amor, **80**
05. ganhar poder, perder amor, **94**
06. mulheres que não conseguem amar, **110**
07. escolher e aprender a amar, **126**
08. crescer num corpo de mulher e amá-lo, **140**
09. irmandade: amor e solidariedade, **156**
10. nosso direito de amar, **176**
11. a busca por homens que amam, **194**
12. encontrar um homem para amar, **214**
13. só para mulheres: amor lésbico, **230**
14. amor duradouro: amizades românticas, **244**
15. testemunhos de amor: entre gerações, **256**
16. êxtase: comunhão amorosa, **270**

sobre a autora, 285

prefácio à edição brasileira

Lívia Natália

Quando iniciei o mergulho neste livro, fui imediatamente fisgada pela palavra "comunhão". Estudei numa escola cristã católica e, naquele contexto, essa noção era ao mesmo tempo visceral — carne e sangue ritualizados tantas vezes ante meus olhos na infância e adolescência — e alegórica, porque receber o "corpo de Cristo" era, por excelência, um exercício criativo. hooks, uma mulher negra evangélica, me devolveu a palavra comunhão num gesto tão certeiro que custei a sair da bruma católica.

Para chegar tanto à autora quanto à palavra, me consultei com Ari Sacramento, professor de filologia na Universidade Federal da Bahia (UFBA), pessoa que me instruiu sobre a teoria e a história do que cerca a noção de comunhão. Ari me enviou um breve áudio em que flutuavam ideias como *compartilhar, repartir, espalhar, pertencer a um corpo, ter em comum* — "mas isso dentro também de uma articulação política", ele disse.

Assim, durante a leitura, pensei que o primeiro grande gesto de comunhão foi o da própria hooks, essa intelectual brilhante que nos ensinou, entre tantas coisas, que a teoria deve ser libertadora. Ela se coloca neste livro de forma tão intensa que só nos resta acolher e receber essa humanidade extrema, aspergida sobre nós como bênção e ensinamento. As bênçãos, cada qual que as receba, e que as reconheça em si. Mas, quanto aos ensinamentos, tomarei um como fundamento. Em *Comunhão: a busca das mulheres pelo amor*, hooks afirma que mulheres de meia-idade precisam se comprometer com libertar as meninas e mulheres mais jovens dos perigos do amor patriarcal, para que elas possam reconhecer o poder libertador do amor. Pois bem.

As bordas aquosas do pensamento de hooks sobre o amor não cessam de nos ampliar. Após o belíssimo *Tudo sobre o amor: novas perspectivas* (2021), em que somos confrontadas com a urgente demanda de aceitar o regresso ao amor em todos os âmbitos e práticas disso que chamamos vida, nos chega este livro que, além de nos colocar na alça de mira das responsabilidades sobre a construção e a defesa do amor, nos exorta a comungar dele e com ele nas filigranas de nossa existência. E ela faz esses gestos a partir dela mesma, de dentro, trazendo as suas próprias experiências, limitações e conquistas, visceralmente, com uma voz que diz "eu" e, no mesmo passo, também o faz alegoricamente, porque somos puxadas para o texto, espelhadas, refletidas.

Penso que não há possibilidade, para uma pessoa afetiva e intelectualmente disponível, de atravessar incólume as palavras libertadoras de hooks, pois ela nos provoca, mexe em dobras e cantos doídos que estão guardados, fala de suas/nossas mais velhas, e, mais ainda, ela se coloca no jogo e em jogo. De repente, todas as noções que conhecemos de autobiografia e crítica (em sua maioria limitadas pelo logocentrismo da branquitude) cedem, e quem nos socorre é o pensamento de outra mulher negra: Conceição Evaristo, com a noção de escrevivência.

Longe da fantasia narcisista que, desde os gregos e no Ocidente de maneira geral, sustenta boa parte das reflexões sobre biografia e autobiografia, e mesmo sobre representação literária, a ideia de escrevivência de Evaristo nos ensina que, quando mulheres negras escrevem, há um movimento poderoso que desrecalca e torna audíveis vozes coletivas sistematicamente silenciadas ou faladas pelo desejo do outro. Escrever, ou seja, produzir matéria inventiva, criativa, apossar-se da escrita, principalmente para mulheres que nasceram e vivem em ambientes não letrados ou semialfabetizados, ganha, segundo Evaristo, "um sentido de insubordinação". Os modos de construção do discurso literário — quando na prosa, decisões sobre personagens, suas características e vidas e os caminhos do enredo; quando na poesia, os temas, imagens e usos da palavra; enfim, toda matéria criativa de Conceição Evaristo — orbitam a atmosfera escrevivente, não biográfica; coletiva, não meramente incidental e individual. Isso parece familiar, não?

Quem conhece o pensamento de intelectuais negras como Alice Walker, Angela Davis, Audre Lorde, Denise Carrascosa, Carla Akotirene, Patricia Hill Collins, Bárbara Carine, Luiza Bairros e Lélia Gonzalez, entre muitas outras, deve identificar nelas o mesmo escopo escrevivente. Essas mulheres praticam o que eu, aqui, escolhi chamar de *teoria escrevivente*, devido aos caminhos epistemicamente insubmissos de seu pensamento. Ou seja, vindas de um contexto acadêmico e intelectual opressor, porque masculino e branco, essas mulheres estabelecem uma política de citação que extravasa a precariedade academicista ao desenvolver instrumentais teóricos e criar possibilidades de análise crítica ao mesmo tempo sofisticadas e acessíveis a diversas camadas de leitores.

É também o caso de hooks. Em dezesseis capítulos, ao narrar as alegrias e desventuras de seu relacionamento mais duradouro, discutir as potências e limites do pensamento feminista e costurar um caleidoscópio de vozes e imagens — livros, filmes, músicas —, a autora nos ajuda a compreender as nossas posições culturalmente forjadas nos ditames patriarcais e aponta rotas de fuga e reinvenção.

Depois de investir numa revisão das incontestáveis vitórias do feminismo, reconhecendo que gerações de mulheres lutaram e vivenciaram as suas conquistas no campo do mercado de trabalho, dos direitos civis e reprodutivos, do acesso a lugares de poder e dinheiro antes monopolizados pelos homens e dos direitos de gerência do corpo no que tange às vivências sexuais, hooks alerta: é necessário incluir o amor no debate feminista.

Nos anos 1960 e 1970, as mulheres mais jovens experimentaram a possibilidade de entrar no mercado de trabalho e, com a pílula anticoncepcional, ampliaram seus direitos reprodutivos e sexuais. Nos anos 1980, uma série de questões sobre carreira, casamento e sexualidade estavam estabilizadas para muitas mulheres e, em todos esses momentos, se discutia a liberdade sexual. Mas, nos adverte hooks, o amor ainda era um limite porque era pensado como arraigado à lógica patriarcal. Ou seja, o amor é uma questão menor no discurso feminista, principalmente em relacionamentos heterossexuais.

Para o feminismo, o sexo — sim, não, com quem, quando, por quê — é uma questão de agência. No entanto, para os homens, a liberação sexual feminista é bem-vinda apenas se "isso significasse bucetas liberadas sem compromisso", e mulheres em relacionamentos estáveis, mesmo quando abertos, ainda encontram muita dificuldade em negar sexo. hooks relata que as mulheres mais velhas, inclusive a sua própria mãe, tinham uma postura cínica sobre a ausência do amor e as exigências de sexo em seus casamentos, comumente pensados como um mal irreversível com o qual deveriam conviver até o final.

Quando as mulheres mais jovens chegaram aos anos 1990, o divórcio já era uma possibilidade admissível nas famílias, assim como a escolha de seguir sozinha optando por não casar — e, inclusive, era plausível a possibilidade de maternidades solo por escolha. Durante toda a minha adolescência e início da vida adulta, ouvi a seguinte frase de minha mãe: "Filha, o melhor marido que você pode ter é o seu emprego". Sim, minha mãe, apesar de ter ficado casada por 34 anos e ter tido três filhos com meu pai, sempre escolheu a carreira na área de saúde, nos privando sistematicamente de sua presença em datas importantes, fossem elas civis ou familiares.

Nascida em 1942, não obstante o fato de mamãe ter vivido anos intensos do feminismo entre seus vinte e trinta anos no Rio de Janeiro, sua postura em relação ao trabalho diz mais respeito ao que eu gosto de chamar de *feminismo de base*, amplamente praticado pelas mulheres negras nas periferias brasileiras. O radical comprometimento de mamãe com o trabalho vem do fato de que as mulheres negras estão na base da pirâmide de vulnerabilidade social, econômica e afetiva no Brasil. No entanto, não se pode descartar a influência do feminismo na história da maioria das mulheres. Para as feministas nos anos 1990, o trabalho era fundamental para uma agência libertadora de suas vidas, mas, para aquelas que também queriam construir um casamento com um homem e ter filhos, alimentando um sonho de família, o feminismo se tornou rapidamente um pesadelo, posto que, naquela altura, os homens estavam dispostos a dividir quase tudo: poder, dinheiro ou vagas de empregos, mas não a sua disponibilidade afetiva.

Para mulheres que conviviam em famílias patriarcais e que adotaram práticas feministas no casamento e na vida, o movimento foi extremamente pernicioso, porque os homens gozaram das vantagens da liberdade sexual e da emancipação financeira das mulheres, mas, como não foram provocados pelo feminismo a ocupar uma postura ativa nessa dinâmica na vida privada, grande parte ficou em sua confortável posição patriarcal, ou seja, sem amor disponível para os filhos ou para as mulheres. E estas ficaram sobrecarregadas com as tarefas domésticas (aí incluso o sexo periódico, querendo ou não, com ou sem prazer) e com as atribuições do trabalho, uma dupla jornada cada vez mais solitária e, pior, sem instrumentais que pudessem traduzir ou oferecer caminhos para sair dessa corrente terrível. Elas estavam permanentemente cansadas, sobrecarregadas e convictas de que o feminismo havia, segundo hooks, ferrado com a vida delas, principalmente quando investiam seu afeto em relações com homens.

Sendo assim, é patente que a vivência dessas mulheres expõe o ponto nevrálgico do "fracasso do feminismo em oferecer diretrizes concretas que mostrassem jeitos de converter a família ao pensamento feminista". No máximo, os homens, até os mais progressistas, "ajudavam" em tarefas domésticas, mas, repetindo estereótipos patriarcais, estavam sempre cansados demais, emocionalmente fechados e indisponíveis. Os homens seguem exercendo violências de todas as ordens contra mulheres e seus núcleos familiares e, mais uma vez, mesmo aqueles que parecem mais disponíveis para fomentar o afeto e acolher o feminismo, mesmo eles não se trabalham, não se pensam para se abrir e nos ofertar amor. Essa falta de parceria ampla foi denunciada sistematicamente pelas mulheres lésbicas, mas, como podemos imaginar, a discussão foi minorada e, assim, feministas heterossexuais em relacionamentos ou solteiras seguiam feridas de morte pelos seus companheiros, pelo sistema patriarcal e pela inépcia do feminismo em trazer o amor para a cena do debate.

A culpa de não termos, de maneira mais ampla, a construção de masculinidades feministas amorosas não é apenas dos homens ou dos limites do debate feminista — é do patriarcado, que, direta ou indiretamente, pauta homens e mulheres e estabelece lugares de conforto para ambos: para os homens, a disposição em praticar violências é o que define a masculinidade heterossexual patriarcal; para as mulheres, o ódio ao patriarcado muitas vezes se confundiu com ódio aos homens, e parte da militância feminista era, justamente, excluir e minorar a participação dos homens em nossa vida. Seguindo assim, estamos num beco sem saída, ou melhor, no labirinto da incomunicabilidade e da falta de amor.

No Brasil, hoje, por exemplo, após anos de um governo misógino, homofóbico, racista e refratário aos direitos de todos os sujeitos pensados como minoritários, o crime de feminicídio, caracterizado pela agressão resultante em morte de uma pessoa pelo fato de esta ser ou reconhecer-se como do sexo feminino, tornou-se cada vez mais cotidiano. Os homens heterossexuais que buscam achar caminhos de saída desse labirinto — por exemplo, aqueles que ficam em casa cuidando dos filhos e assumem tarefas corriqueiras do lar, os mais tímidos, profundos, sensíveis e dispostos a colocar na mesa o patriarcado como limite — eventualmente sofrem ataques vindos de homens e mulheres que alimentam em si a patologia do patriarcado.

Quanto a nós, mulheres, tendo introjetado o ódio aos homens como parte da prática feminista, uma vez que abrimos caminhos com o corpo até os postos de trabalho e emancipação familiar almejados, perdemos a capacidade de enxergar o amor como uma parte fundamental de nossa vida. Mulheres poderosas, que ocupam papéis de liderança, comumente são ultrajadas por vozes que dizem que elas são masculinas demais, que deveriam ser mais generosas e menos assertivas. Por outro lado, essas mulheres entendem que só chegaram a esses lugares porque souberam se comportar como megeras, colocando os seus interesses e metas de carreira e vida não em primeiro, mas em único lugar.

Sempre pensei, como mulher negra que escolheu a carreira em lugar de ter marido e filhos, que eu estava certa porque o meu holerite nunca iria me secundarizar, nem estar ocupado demais afirmando sua masculinidade, nem me maltrataria, e essa escolha me fez seguir, em todos os relacionamentos que tive desde a adolescência, na posição de alguém sistematicamente violentada. hooks nos aponta neste livro que, para forjarmos um lugar até o amor, precisamos reconhecer que não temos o famoso "dedo podre", mas que, muitas vezes, repetimos padrões emocionais abusivos de parceiros e relacionamentos simplesmente porque sabemos lidar mais com esse contexto de infelicidade e vulnerabilidade do que com um amor sadio, amadurecido e trabalhado. Portanto, é indispensável que nós também quebremos nossa aliança com o patriarcado e, mais, que repensemos como o patriarcado moldou nossas disponibilidades afetivas.

Ampliando a questão, a autora nos ensina que "não há amor sem justiça". Isso significa que os homens precisam abrir mão dos privilégios da dominação masculina e da violência patriarcal nos seus relacionamentos e, mais ainda, caso escolham o compromisso de seguir conosco na trilha do amor, devem fundar uma efetiva responsabilidade de solidariedade política com as mulheres, tanto na esfera pública quanto na esfera privada.

Para nós, mulheres, as vias de alimento do amor como cura das limitações aprendidas e autoimpostas passam, principalmente, por duas perguntas: como amar e respeitar este meu corpo de mulher?, e como amar e respeitar as outras mulheres? Seguindo o caminho oferecido por hooks, achei uma possibilidade de resposta em um *itã*[1] da tradição iorubá.

Contam as mais velhas — no meu caso, as do candomblé de matriz ketu — que, numa determinada altura de sua vida, Xangô era casado com três mulheres: Oxum, Iansã e Obá. Elas viviam em harmonia constante, harmonia essa mantida pela política de equanimidade da poligamia, conforme estabelecida e praticada naquele contexto. Todas cozinhavam para Xangô, cada uma em seu momento, e ele, como homem que respeitava a tradição afetiva ali instituída, comia do *amalá* (comida votiva feita com quiabos) que cada uma fazia, raspando o prato e agradecendo pela comida que o alimentara e alegrara. Um dia, a jovem e impetuosa guerreira Obá observou que Xangô ficava mais satisfeito e feliz quando comia a comida feita por Oxum. Obá, muito jovem e com seu espírito imprudente e competitivo, decidiu ir atrás de Oxum para perguntar a ela qual o motivo de Xangô gostar tanto de sua

---

1. *Itãs* são relatos míticos da cultura iorubá, considerados sagrados e passados oralmente de geração em geração. [N.E.]

comida. Para a jovem, isso fazia com que o marido amasse mais a Oxum que a ela.

Oxum, feiticeira fina, tem na cozinha o seu mais verdadeiro lugar de encanto. Ela é a grande cozinheira, além de ser a deusa responsável pelo amor nos nossos *okã* (corações). É também a sestrosa dona da beleza e carrega consigo poderes inesgotáveis de encantamento. Oxum recebeu Obá e, ante a pergunta angustiada da jovem — "Afinal, o que você coloca na comida dele?" —, ela inicialmente refugou a resposta, desviou-se, mas, diante da insistência de Obá, disse: "Está bom, vou lhe contar, mas não conte a ninguém!". Frente aos olhos argutos da moça, ela afirmou: "Todas as vezes que faço o *amalá* para o nosso marido, corto um tantinho da minha orelha e misturo com a carne. Este é o segredo". Agradecida, Obá saiu dali pronta para, em sua vez, fazer também ela o feitiço.

Na semana seguinte, ansiosa por ter ainda mais amor de Xangô, Obá preparou a comida e, como tempero, extirpou uma de suas orelhas e pôs para cozinhar com os quiabos. Ela se enfeitou mais que de costume e serviu, quente e apimentado, o *amalá* para o tão querido marido. Quando ele avançou sobre o *amalá*, faminto, viu a orelha inteira no meio da comida e atirou longe o prato, amaldiçoando a jovem Obá. Aqui, as histórias contadas pelos homens seguem instaurando a violência do marido contra a esposa e o deboche de Oxum contra Obá.

Para mim, como *iyalorixá* e filha de Oxum, esse *itã* tem outro sentido, e ele se coaduna com as perguntas provocadas por hooks. A primeira: "como amar e respeitar este meu corpo de mulher?". As histórias de Oxum que representam o autoamor podem ser resumidas em um *oriki*[2] que diz o seguinte: "Oxum é aquela que lava as suas pulseiras antes de os filhos banhar". Ou seja, a lição básica é o amor-próprio. Quanto mais jovens, mais somos ensinadas a odiar nosso corpo, a menstruação, a apertar nossos pés em sapatos desconfortáveis e, segundo hooks, mesmo em narrativas e cenas pretensamente feministas, as mulheres são instigadas a caber em padrões patriarcais violentos e intimidadores. E ela nos ensina que, quando chegamos à meia--idade, ou seja, a partir dos quarenta anos, começamos a poder investir na autorrealização de nosso afeto porque, a essa altura, fomos deixadas em paz pelo patriarcado. Como uma mulher de 44 anos, eu me encontrei neste livro muitas vezes, principalmente na possibilidade de me amar cada vez mais. Ou, nas palavras de hooks, mulheres maduras se amam, sendo livres para isso até "a carne sobre os ossos" que, sabemos, vai se acomodando em lugares que ou a gente ama, ou adoece. Finalmente, Oxum ensina a Obá que, se o amor de um parceiro necessita que ela abra mão de si mesma, esse amor não vale nada.

A outra lição de Oxum responde à pergunta "como amar e respeitar as outras mulheres?". É que, quando Obá, revoltada, acusa Oxum de traição e corre para bater nela — que, nesse *itã*, é uma senhora —, Xangô, em cólera, briga com ambas e elas fogem do palácio e correm ora juntas, ora separadas, para cada vez mais longe. Embrenham-se no mato até, finalmente, virarem o rio Oxum e o rio Obá, cada uma em seu percurso e longe de Xangô, emancipadas.

Se não conseguirmos amar a outra mulher — e, definitivamente, não é necessário ou possível esse amor dilatado

---

2. *Orikis* são orações ou evocações dirigidas aos orixás. [N.E.]

em que amamos todas as mulheres —, é essencial que possamos, sempre, alimentar o respeito. O patriarcado nos instou a lugares de afeto ruins, de sofrimento, desde a megera raivosa até o mito de que não pode haver amizade genuína entre mulheres, porque elas sempre estarão competindo. Isso é uma mentira deslavada! Nós somos íntegras e podemos formar comunidades de mulheres que se amam e se respeitam — aquilo que hooks chama de "círculo de amor" — e devemos nos educar para estarmos cada vez mais longe da violência patriarcal.

hooks nos convida, finalmente, a partir da ideia de comunhão, a pertencer a um corpo, ter em comum, comungar com homens e mulheres a fim de desenvolver todo o poder do amor em nossa vida e em nossos relacionamentos. Ela, mulher mais velha, deixa como herança para as mais jovens um ensinamento de matriz oxúnica: lave as suas pulseiras primeiro. Nas palavras de hooks: "escolha a sua própria salvação". Não espere o homem ideal para se amar, não espere a misericórdia da sociedade patriarcal para defender o seu inalienável direito de autorrealização, não espere que a irmã feminista te ame para que você a respeite e, principalmente, se respeite.

Se não há possibilidade de existir amor sem justiça, todo trabalho de construção do amor começa com a comunhão com nós mesmas.

Lívia Natália nasceu em Salvador, é *iyalorixá* e filha de Oxum e Oxóssi, de dona Vanda e seu Jair. É poeta e professora de teoria da literatura na Universidade Federal da Bahia (UFBA)

prefácio

a alma busca comunhão

Mulheres falam sobre amor. Desde a infância, aprendemos que conversas sobre amor são narrativas com marca de gênero, um assunto feminino. Nossa obsessão com o amor não começa com a primeira paquera ou a primeira paixão. Começa com a primeira percepção de que as mulheres importam menos que os homens; de que não importa o quão boas sejamos, aos olhos de um universo patriarcal nunca somos boas o bastante. A condição de mulher na cultura patriarcal nos marca, desde o princípio, como seres sem valor ou com menor valor e, portanto, não surpreende que, como meninas, como mulheres, aprendemos a nos preocupar, sobretudo, em saber se somos dignas de amor.

Fomos criadas por mães e pais competitivos que nos apontam falhas e a quem nunca conseguimos agradar de fato, ou em um mundo onde somos a menininha "perfeita" do papai e tememos perder a aprovação dele a ponto de parar de comer, parar de crescer, pois vemos o papai perdendo o interesse. Ao vermos que ele não ama as mulheres, temos dúvidas quanto ao amor. Para manter o amor do papai, devemos nos prender à infância a qualquer custo. Todas as meninas ainda são ensinadas quando jovens — se não pelos próprios pais, pela cultura circundante — que precisam merecer o direito de serem amadas, que "ser mulher" não é bom o bastante. Essa é a primeira lição de uma mulher na escola de pensamentos e valores patriarcais. Ela tem de merecer o amor. Ela não tem direito a ele. Deve ser boa para ser amada. E "boa" é sempre uma definição de outra pessoa, alguém de fora. Ao escrever sobre o relacionamento com seu pai no ensaio "Dancing on My Father's Shoes" [Dançando com os sapatos do meu pai], Patricia Ruff entrega um relato comovente sobre perder a sensação de ser merecedora de amor, de ser valorizada, e confessa:

> Minha mãe me disse que primeiro ele queria uma filha e não podia ter ficado mais feliz quando me ganhou. Então eu estava despreparada quando meu status de princesa, sem aviso prévio, foi arrancado de mim de qualquer jeito, como se arranca uma folha de papel de um caderno. Acontecera alguma coisa que ninguém me explicou [...]. Eu não sabia expressar meu sentimento e não tinha palavras para a raiva e a dor que senti por ele estar, de repente, fora do meu alcance.

Preocupada com a possibilidade de que sua irmã mais nova sentisse a mesma dor de ser emocionalmente rejeitada, Ruff sugeriu que elas confrontassem o pai juntas: "Nós invadimos o quarto dele e nos jogamos sobre nosso pai que, perplexo, permaneceu mudo e imóvel feito uma pedra enquanto chorávamos em cima dele, agarrando-o, segurando-o, sem querer soltar. 'Papai, por favor, nos abrace, diga que nos ama, nós amamos você, precisamos que você nos ame', nós implorávamos". A rejeição e o abandono de pais e mães constituem o lugar de falta que geralmente prepara o terreno para o desespero feminino de encontrar e conhecer o amor.

Com frequência, meninas se sentem profundamente cuidadas quando são crianças, mas descobrem, conforme desenvolvemos vontade própria e pensamentos independentes, que o mundo para de nos validar, que não somos vistas como amáveis. Essa é a percepção que Madonna Kolbenschlag compartilha em *Lost in the Land of Oz* [Perdida na terra de Oz] sobre a natureza do destino de uma mulher: "De algum modo fundamental, todas fomos destituídas de amor, de cuidados maternos — se não de amor, da sensação de termos sido amadas. Saber que fomos amadas não basta; temos de *sentir* isso". Como uma menina poderia sustentar a crença de ser amada, verdadeiramente amada, quando por todos os lados ela vê que a condição de mulher é desprezada? Incapaz de mudar o fato de ser mulher, ela tenta se transformar, se tornar alguém digna de amor.

Ensinadas a acreditar que se encontrarão consigo mesmas nas relações com os outros, as mulheres aprendem desde cedo a procurar pelo amor num mundo externo aos próprios sentimentos. Aprendemos na infância que as raízes do amor estão além das nossas capacidades e que, para conhecer o amor, precisamos ser amadas por outros. Pois, como mulheres na cultura patriarcal, não podemos determinar nosso próprio valor. Nosso valor, nossa autoestima e a certeza de poder ou não sermos amadas são sempre determinados por outros. Desprovidas dos meios para gerar amor-próprio, esperamos que os outros nos considerem dignas de amor; desejamos o amor e o procuramos.

Embora o movimento feminista contemporâneo tenha criticado a desvalorização da mulher, que começa na infância, ele não a transformou. As meninas de hoje crescem num mundo onde vão ouvir de todos os lados que as mulheres são iguais aos homens, mas não existe um espaço verdadeiro para o pensamento e a prática feministas na infância. As meninas, hoje, sofrem com papéis sexistas definidores do mesmo jeito que sofriam antes do movimento feminista contemporâneo. Enquanto algumas correntes feministas aqui e ali reconhecem esse sofrimento, o mais frequente é que as garotas se vejam cercadas de mensagens contraditórias por terem nascido num mundo onde a libertação das mulheres ganhou um pequeno espaço, ainda que as meninas continuem presas nos braços do patriarcado. Uma medida desse aprisionamento é o medo disseminado entre todas as meninas, independentemente de raça ou classe, de que não serão amadas.

Na cultura patriarcal, a menina que não se sente amada em sua família de origem ganha uma nova chance de provar seu valor quando é encorajada a buscar amor entre os homens. Paixonites de colégio, loucas obsessões e o anseio compulsivo por atenção e aprovação masculinas indicam que ela está cumprindo corretamente seu destino de gênero, a caminho de se tornar a mulher que não consegue ser nada sem um homem. Seja ela heterossexual ou homossexual, a intensidade com que vai desejar a aprovação patriarcal determinará se é digna de ser amada. Essa é a incerteza emocional que assombra a vida de todas as mulheres na cultura patriarcal.

Desde o princípio, portanto, as mulheres ficam confusas quanto à natureza do amor. Socializadas sob a falsa impressão de que encontraremos amor num lugar onde a feminilidade é considerada indigna e consistentemente desvalorizada, aprendemos desde cedo a fingir que o amor importa mais que qualquer coisa, quando na verdade sabemos que o mais importante, mesmo após o movimento feminista, é a aprovação patriarcal. Desde o nascimento, a maioria das mulheres vive com medo de ser abandonada, de que, se pisar fora do círculo de aprovação, não será amada.

Dada nossa obsessão precoce por seduzir e agradar aos outros para afirmar nosso valor, nos perdemos de nós mesmas na busca por sermos aceitas, incluídas, desejadas. Nossa conversa sobre amor foi, até agora, fundamentalmente uma conversa sobre desejo. No geral, o movimento feminista não alterou a obsessão feminina por amor nem nos ofereceu novas maneiras de pensar no assunto. Ele nos disse que seria melhor se parássemos de pensar em amor, se vivêssemos como se o amor não importasse, porque, caso contrário, correríamos o risco de nos tornarmos parte de uma categoria feminina realmente desprezada: "a mulher que ama demais". A ironia, claro, é que a maioria de nós não estava amando demais; não estávamos amando nada. Na verdade estávamos emocionalmente carentes, desesperadas por um reconhecimento (de parceiros ou parceiras) que comprovasse nosso merecimento, nosso valor, nosso direito de viver no planeta, e estávamos dispostas a fazer qualquer coisa para obter isso. Como mulheres numa cultura patriarcal, não éramos escravas do amor; a maioria de nós era, e é, escrava do desejo — do anseio por um mestre que nos libertará e nos dará validação porque não conseguimos validar a nós mesmas.

O feminismo ofereceu a promessa de estabelecer uma cultura na qual poderíamos ser livres e conhecer o amor. Mas essa promessa não se cumpriu. Muitas mulheres continuam confusas, perguntando-se sobre o lugar do amor em nossa existência. Muitas de nós temem admitir que o "amor importa", por medo de sermos desprezadas e julgadas por mulheres que obtiveram poder dentro do patriarcado ao bloquearem as emoções, ao tornarem-se iguais aos homens patriarcais que antes criticávamos por serem frios e de coração duro. O feminismo de poder (*power feminism*) é só mais uma fraude, na qual as mulheres podem brincar de patriarcas e fingir que o poder que buscamos e conquistamos nos liberta. Por não termos criado um grande *corpus* de trabalhos que pudesse ter ensinado a meninas e mulheres novos modos visionários de pensar sobre o amor, testemunhamos o crescimento de uma geração de mulheres entre vinte e tantos e trinta e poucos anos que enxergam qualquer anseio por amor como fraqueza e ficam de olho apenas nos ganhos de poder.

O patriarcado sempre viu o amor como um trabalho de mulheres, um trabalho desonroso e desvalorizado. E não se importou quando as mulheres fracassaram em aprender a amar, pois os homens patriarcais sempre foram os mais dispostos a substituir o amor por cuidado, o respeito por submissão. Não precisávamos de um movimento feminista para nos informar que as mulheres têm mais inclinação a se preocupar com relações, conexão e comunidade do que os homens. O patriarcado nos treina para esse papel. Precisamos de um movimento feminista que nos lembre, continuamente, que o amor não pode existir num contexto de dominação, que o amor que buscamos não poderá ser encontrado enquanto estivermos amarradas, e não livres.

No meu primeiro livro sobre o assunto, *Tudo sobre o amor: novas perspectivas*, tive o cuidado de afirmar repetidas vezes que as mulheres não são inerentemente mais amorosas que os homens, mas que somos incentivadas a aprender a amar. Esse incentivo tem sido o catalisador para as mulheres saírem em busca do amor, para observarem com atenção a prática do amor. E para confrontarmos nossos medos de não sermos amorosas, de não sermos amadas o suficiente. Em nossa cultura, as mulheres que mais têm a ensinar ao mundo sobre a natureza do amor pertencem à geração que aprendeu, por meio da luta feminista e da terapia baseada no feminismo, que o amor-próprio é a chave para encontrar e conhecer o amor.

Nós, mulheres que amam, somos de uma geração de mulheres que transgrediram paradigmas patriarcais para se encontrar. A jornada rumo à verdadeira individualidade nos exigiu a invenção de um novo mundo, no qual corajosamente ousamos deixar renascer nossa menina interior e a recebemos para a vida, para um mundo onde ela nasce valorizada, amada e eternamente digna. Amar essa menina interior curou as feridas que, com frequência, nos levavam a procurar por amor nos lugares errados. A meia-idade, para muitas de nós, foi o fabuloso momento de pausa em que começamos a contemplar o verdadeiro significado do amor. Começamos a ver com clareza o quanto o amor importa — não as velhas versões patriarcais de "amor", mas uma concepção mais profunda de amor enquanto força transformadora, que exige de cada pessoa responsabilidade e comprometimento para nutrir o crescimento espiritual.

Somos testemunhas da verdade de que nenhuma mulher consegue encontrar a liberdade sem antes encontrar seu caminho para o amor. Nossa busca nos levou a compreender por completo o significado de comunhão. Em *The Eros of Everyday Life* [O eros da vida cotidiana], Susan Griffin escreve:

O desejo por comunhão existe no corpo. Não é apenas por razões estratégicas que se reunir é um ato que esteve no cerne de todo movimento por mudança social [...]. Essas reuniões eram em si a realização de um desejo que reside no âmago da imaginação humana, o desejo de nos colocarmos em comunidade, de fazer da sobrevivência um esforço compartilhado, de experimentar uma reverência palpável nas conexões uns com os outros e com a terra que nos sustenta.

A comunhão no amor que nossa alma busca é a jornada mais heroica e divina que um ser humano pode empreender.

O fato de as mulheres nascerem em um mundo patriarcal, que primeiro nos convida a fazer a jornada ao amor e depois coloca obstáculos no caminho, é uma das tragédias contínuas da vida. Chegou a hora de mulheres mais velhas resgatarem meninas e jovens, oferecendo a elas uma visão do amor que vai ampará-las em suas jornadas. É libertador procurar o amor como uma busca do verdadeiro eu. Todas nós, mulheres que ousamos seguir o coração para encontrar tal amor, estamos adentrando uma revolução cultural que reconstitui a alma e nos permite ver com clareza o valor e o significado do amor em nossa vida. Ainda que o amor romântico seja uma parte crucial dessa jornada, ele não é mais considerado o único que importa; na verdade, é um aspecto de nosso trabalho geral para criar laços amorosos, círculos de amor que nutrem e sustentam o bem-estar coletivo das mulheres.

Comunhão: a busca das mulheres pelo amor compartilha nossa luta para conhecer o verdadeiro amor e nossos triunfos. Ao compilar a sabedoria de mulheres que conheceram o amor na meia-idade, mulheres que com frequência perambularam perdidas no deserto do coração ao longo da maior parte da adolescência até os vinte e tantos anos, este livro nos permite escutar o conhecimento daquelas que, depois dos trinta, na busca do caminho para o amor, encontraram pelo trajeto métodos de cura e novas perspectivas, e recuperaram o encanto.

Este livro é um testemunho, uma celebração da alegria que nós mulheres encontramos quando recolocamos a procura por amor em seu justo lugar heroico no centro de nossa vida. Desejamos ser amadas e desejamos ser livres. *Comunhão* nos diz como realizar esses anseios. Compartilhando a dor, a luta, o trabalho que as mulheres fazemos para superar nosso medo de abandono e de perda, os modos como superamos as paixões feridas para abrir o coração, *Comunhão* nos encoraja a voltar sempre ao lugar onde podemos conhecer a alegria, nos encoraja a vir e celebrar, a nos unirmos ao círculo do amor.

01.
envelhecer para amar, amando envelhecer

Todos os dias converso com mulheres sobre amor e envelhecimento. É algo que se faz depois dos quarenta. A boa notícia é esta: todo mundo concorda que envelhecer está mais divertido do que nunca. Tem suas alegrias e prazeres. Também tem seus problemas. O que é novidade para muitas mulheres é que os problemas nem sempre nos derrubam. E, se derrubam, não ficamos no chão — nos levantamos e recomeçamos. Isso é parte da magia, do poder e do prazer da meia-idade. Ainda que falar mal do feminismo tenha se tornado tão lugar-comum quanto papear sobre o tempo, todas nós temos uma dívida com o feminismo, o movimento pela libertação das mulheres, a libertação feminina — não importa como você o chama. Ele ajudou a mudar o modo como as mulheres encaram o envelhecimento. Muitas de nós se sentem melhor com o envelhecimento porque foram descartados os velhos manuais que afirmavam que a vida termina aos trinta ou aos quarenta, que nos tornamos zumbis assexuados que reclamam sem parar o tempo todo, deixando todo mundo ao nosso redor infeliz. Então não importa que o movimento feminista tenha falhas; ele ajudou todo mundo a abandonar esses manuais. E me refiro a todo mundo mesmo.

Mudamos nosso modo de pensar sobre o envelhecimento e nosso modo de pensar sobre o amor. Quando o mundo começou a se transformar para as mulheres por causa do movimento feminista e muita coisa ficou mais igualitária do que nunca, por algum tempo foram apenas as mulheres que já tinham um naco de poder — privilégio de classe ou de educação, ou "talentos extraespeciais difíceis de ignorar" — que mais "sacaram o feminismo" e "se deram bem". Essas mulheres estavam entre a vanguarda feminista. Não raro, usufruíam de vantagens excepcionais ou obtinham sucesso acima do esperado. Enquanto o feminismo ajudou essas mulheres a decolar, ele em geral não conseguiu mudar em nada a vida das mulheres comuns. Muitas das vantagens conquistadas com a libertação das mulheres não chegaram aos segmentos mais baixos, mas a visão sobre o envelhecimento, sim. Ao desafiar os modos sexistas de pensar o corpo, o feminismo ofereceu novos padrões de beleza, afirmando que corpos roliços eram deliciosos, barrigas grandes eram sublimes e pelos em axilas e pernas eram sedutores. Ele criou outras possibilidades de autorrealização tanto no âmbito profissional quanto na vida íntima.

Conforme nós, mulheres, mudamos de opinião sobre o envelhecimento, deixando de vê-lo como algo negativo, começamos a pensar de modo diferente sobre o significado do amor na meia-idade. A coletânea de entrevistas de Beth Benatovich, *A sabedoria das mulheres: uma inspirada coleção de depoimentos de 25 mulheres extraordinárias*, traz depoimentos poderosos para comprovar esse fato. Com uma percepção profética, a escritora Erica Jong declara:

Acredito que esse é um momento da história no qual estamos envolvidas numa espécie de revolução espiritual — o tipo de revolução que cria desbravadoras. Às mulheres mais velhas está novamente sendo concedido o antigo papel de profetisas e conselheiras [...]. Essa é a grande transformação em curso na nossa época. Ao buscarmos inspiração em outras coisas além do corpo bonito, estamos sendo forçadas a redefinir a segunda metade da vida, a nos tornarmos desbravadoras.

As dificuldades para as mulheres mais velhas ainda são inúmeras. O que mais mudou foi a maneira construtiva como as mulheres de todas as idades, classes e etnias passaram a lidar com essas dificuldades. Foram de grande ajuda as conversas francas e abertas sobre como a síndrome do ninho vazio, a morte de pais ou cônjuge e/ou a morte trágica de um filho desencadeiam em nós, de inúmeros modos, uma devastação psicológica. Nossas conversas sobre esse sofrimento seriam insípidas e banais não fossem todos os modos criativos como as mulheres estão abordando a questão do envelhecimento, tanto na meia-idade quanto depois dos sessenta anos. A coragem de escolher a aventura é o ingrediente atual, que não existia para a maioria das mulheres antes do movimento feminista contemporâneo. Há um contraste entre as mulheres que sofreram com câncer de mama em silêncio e as mulheres de hoje que levantam a voz, que com orgulho e amor declaram seus corpos intactos, inteiros e lindos após remoções cirúrgicas. A poeta Deena Metzger audaciosamente proclama em um pôster a beleza da mulher com apenas um seio. A teórica Zillah Eisenstein conta tudo a respeito do câncer de mama, sua história pessoal, em *Manmade Breast Cancers* [Cânceres de mama criados pelo homem]. Dessas maneiras, as mulheres de meia-idade estão transformando o mundo.

No estimulante círculo de mulheres em que fui criada — uma família extensa com bisavós, avós, tias-avós, tias, filhas e sua prole —, aprendi cedo que envelhecer traria muitos encantos. As mulheres ao nosso redor falavam do auge de sua vida como se fosse de fato a terra prometida. Como lindas serpentes, elas iriam alcançar o auge, corajosamente trocar de pele e adquirir uma nova, mais poderosa e mais bonita do que todas as outras. Algo nelas ressuscitaria. Renasceriam e ganhariam uma nova chance. Elas eram mulheres pobres nascidas num mundo sem controle de natalidade adequado, um mundo onde fazer um aborto podia acabar com sua vida, psicológica ou fisicamente. Eram mulheres que viam a menopausa como um rito de passagem por meio do qual iriam da escravidão à liberdade. Até então, elas frequentemente se sentiam presas. Esse sentimento de estar aprisionada era compartilhado com mulheres de diferentes classes. Até mulheres solitárias, celibatárias e com boa capacidade de se manter economicamente viviam com o medo constante de que tudo poderia mudar por uma coerção sexual. No mundo delas, depois que uma mulher não podia mais ter filhos, ela simplesmente ficava mais livre: meia-idade, a época mágica.

Ah, como eu me enchia de encantamento quando ouvia mamãe e suas amigas conversarem sobre as alegrias da "mudança na vida". Elas nunca usavam a palavra "menopausa". Que sensibilidade intuitiva! Se tivessem levado a sério os termos médicos que definem as mudanças na meia-idade, poderiam ter sido forçadas a adotar as implicações negativas trazidas pela palavra — a grande perda que ela evoca. Em vez disso, tinham sua própria linguagem especial. Emana delas um modo sutil, sedutor, misterioso e comemorativo de falar das mudanças na meia-idade. Como uma névoa perfumada cuja fragrância me seguia e me maravilhava, isso me toca agora. Eu cheguei. Estou recebendo os sinais. Estou em meio à mudança.

Para mamãe, suas amigas e muitas outras mulheres que ela jamais conheceria, a aproximação da meia-idade era empolgante porque significava que elas não seriam mais impelidas a passar todo seu tempo cuidando dos outros. Elas finalmente teriam tempo para si. A ausência de tempo livre — tempo para gastar fazendo nada — as tinha atormentado durante a vida toda. E elas ansiavam pelos dias em que o tempo pesaria inerte em suas mãos. Dias em que poderiam pensar em lazer e descanso e esquecer de trabalho. Escutando mamãe e suas amigas, não pensava em como eu queria que minha vida fosse na meia-idade; só aceitava com uma fé cega, com total confiança, a convicção de que ela seria mais doce. Mesmo que antes já tivesse sido doce, a meia-idade teria ainda mais doçura. Eu não sabia, então, que a meia-idade também seria uma época para repensar tudo que aprendera sobre a natureza das mulheres e do amor.

A maioria das obras de mulheres sobre a meia-idade fala da menopausa como se esse fosse o único "acontecimento". E não é. Há tantos acontecimentos que é difícil se manter a par de todos. Desde seu primeiro dia na Terra, a mulher tem sido a força propulsora de todos os eventos em curso, embora a maioria desses eventos não tenha sido organizada por ela nem para seu prazer. Muito do que torna a meia-idade mágica para as mulheres de hoje é que somos nós organizando as coisas — inventando nosso tempo e nosso caminho. Pela maior parte da vida, as mulheres têm seguido o caminho do amor desenhado para nós por guias patriarcais. Apesar das decepções e mágoas, nós nos deixamos levar pelo roteiro e aceitamos, sem protestos nem críticas, a ideia de que o amor pode existir num contexto de dominação. Um movimento feminista e muitas mágoas depois, agora mais mulheres do que nunca sabem que o amor e a dominação não combinam: se um está presente, o outro estará ausente. Para algumas de nós, isso causou ainda mais desgosto. Uma vez que a dominação ainda prevalece, as mulheres, sobretudo aquelas que desejam se relacionar com homens, querem saber como amar e ser amadas. Essa é uma das grandes questões a que este livro responde.

Quando comecei a conversar com mulheres sobre escrever este livro, a pergunta mais frequente era se o amor seria ou não tão importante para as mulheres na meia-idade quanto na juventude. Conversei com muitas mulheres que, como eu, nunca tinham pensado sobre a meia-idade, que pensavam que estaríamos mortas antes dos trinta anos. Nossas razões para pensar assim estavam enraizadas em medos extraordinários relacionados a crescer, a se tornar uma mulher adulta. Queríamos ser meninas para sempre. Quando meninas, sentíamos ter poder. Éramos fortes, intensas e seguras de nós mesmas. De alguma maneira, conforme adentramos o território da mulher jovem, começamos a perder o poder. Pesquisas fascinantes sobre a infância das meninas estão em andamento hoje em dia. Elas confirmam que meninas mais novas em geral se sentem fortes, corajosas, altamente criativas e vigorosas, até que começam a receber mensagens sexistas que as desautorizam e as incentivam a se conformar às noções convencionais de feminilidade. Para isso, elas precisam abrir mão do poder.

Tradicionalmente, o envelhecimento tem feito com que as mulheres sintam que estão renunciando ao poder. E, com a perda daquela sensação de poder, veio o medo de que estaríamos para sempre abandonadas, desamadas. Agora a meia-idade e os anos seguintes se tornaram não apenas uma época para recuperar o poder mas também uma época para finalmente conhecer o amor verdadeiro. Mais do que nunca, as mulheres conversam sobre as dificuldades de serem poderosas num mundo que mudou muito, mas que permanece patriarcal. Assim, temos uma enorme liberdade num mundo que ainda não aceita totalmente essa liberdade. Esse fato traz novos problemas que, no passado, a maioria das mulheres não enfrentou. Pense, por exemplo, em quantas mães e quantos pais permaneceram ou permanecem em casamentos de mais de cinquenta anos em que a mulher está desolada e infeliz. Mas o mundo em que eles cresceram afirmava que esse era o destino de uma mulher. Hoje, inúmeras mulheres — que nunca se identificariam como feministas e talvez nem sintam que sua vida tenha sido de qualquer modo afetada pelo movimento feminista — estão empoderadas para deixar relacionamentos quando se sentem intimidadas, infelizes, ou mesmo quando, embora não sofram maus-tratos, não se sentem amadas. Abandonar esses laços abre a possibilidade de que conheçam o amor no decorrer da vida. A geração mais velha que ficava casada para sempre era, e com frequência é, cínica quanto ao amor.

Ainda consigo lembrar da dor que minha mãe expressou em certo momento da vida quando meu pai estava sendo patriarcalmente cruel. Ele sempre fora um mulherengo, mas naquele momento o comportamento dele tinha se tornado simplesmente absurdo e aterrorizante. Estavam casados havia quase vinte anos àquela altura, e eu estava prestes a terminar o ensino médio. Eu me lembro de incitar mamãe, com toda a arrogância e a coragem tempestuosa de uma adolescente do fim dos anos 1960, a abandonar meu pai. E nunca me esqueci do olhar triste e exaurido em seu rosto quando ela me disse, com a mais ínfima voz: "Quem ia querer ficar comigo?". No mais puro espanto adolescente, fiquei atônita com essa resposta; eu via minha mãe como o ser mais maravilhoso. Exigi saber: "Que raios você quer dizer com isso?". Com a voz triste e trêmula, ela explicou que já estava no fim da linha, tinha muitos filhos, e os homens não desejam mulheres assim. Essa foi uma das lições mais dolorosas sobre amor e sofrimento que aprendi quando menina no seio do patriarcado.

Alegra-me o coração que as mulheres de hoje, mesmo aquelas que talvez se sintam aprisionadas em longos casamentos nos quais estão infelizes, pelo menos saibam que há portas de saída, que ainda existe um mundo lá fora que deseja a presença delas, a existência delas. Uma mulher pode não acreditar que isso seja verdade para si, mas ela vê exemplos dessa verdade na vida de outras mulheres na sociedade. Isso é crucial. Ela tem um modelo para a mudança, independentemente de escolher fazê-la ou não. O fato de muitas mulheres agora escolherem abertamente parceiros dos dois sexos significa que, ao envelhecer, elas contam com um grupo de pessoas com experiências em comum que estão buscando partilhar companheirismo, seja sexual ou não, mulheres que estão buscando conhecer o amor.

Nascida nos anos 1950, cheguei em um mundo cuja crença era a de que uma mulher deveria se casar e ficar casada para sempre. Naquela época, todo mundo que eu conhecia acreditava nas palavras "até que a morte os separe". Também nasci num mundo em que íamos à igreja todo domingo e levávamos a Bíblia a sério. Entretanto, quando cheguei ao fim da adolescência — no final dos anos 1960 —, tudo tinha sido questionado: a legitimidade do casamento, o significado da igreja. Era uma época de grande rebelião. De repente, o mundo foi sacudido. Nada mais ficou estável. E eu estava totalmente "a fim" de rebeldia. Ao mesmo tempo, relutava em renunciar a todos os valores da minha criação, então tentei fazer malabarismo com os dois mundos. Eu renunciaria ao casamento legitimado pelo Estado, mas manteria a crença na importância do comprometimento e da constância. Não buscaria um marido, mas queria uma companhia para a vida toda. Eu rejeitava a noção de apaixonamento, porque ela dava a entender uma falta de escolha e de razão, e abraçava a visão do amor como um ato de escolha e vontade.

O movimento feminista contemporâneo tinha me ensinado a questionar as noções de amor que incentivavam as mulheres a serem vítimas ou, de modo masoquista, a subordinarem-se a homens patriarcais intimidadores. Ele me ensinou que eu não precisava necessariamente direcionar todo o meu anseio por companheirismo aos homens — que as mulheres também eram uma opção romântica. Ora, isso era algo alucinante para uma menina batista do Sul dos Estados Unidos criada num lar rígido, mas eu estava absorvendo tudo e tentando fazer os ajustes necessários. Minha estratégia para uma vida feliz consistia em um plano para manter os bons hábitos antigos e misturá-los com o melhor das novidades que estavam chegando. Apesar de ser uma estratégia plausível na teoria, era difícil colocá-la em prática. E muita coisa fracassou. Quando se tratava de amor, o fracasso doía mais.

Desde o princípio, o feminismo radical incentivou as mulheres a questionarmos nossa obsessão pelo amor. Em casos extremos, ativistas nos incitaram a esquecer do amor e a se ocupar com o poder. O amor era para as vítimas; o poder, para as vitoriosas. Envergonhada, eu me agarrava às visões de realização no amor romântico que tinham sido carimbadas na minha consciência infantil. Quando menina, fiquei deslumbrada quando o Ken foi criado para acompanhar a Barbie; finalmente poderia brincar de casinha. E, mesmo quando o feminismo entrou em todos os poros do meu corpo aos dezesseis anos, eu ainda queria e acreditava na ideia de uma união "feliz para sempre" para a Barbie e o Ken — para mim e para o meu escolhido amor.

Apesar de mais de vinte anos como pensadora e ativista feminista, minha obsessão com o amor segue tão vívida quanto no dia em que, pela primeira vez, apresentei meu novo Ken para a Barbie. Foi de fato um casamento arranjado. Com a Barbie e o Ken a tiracolo, eu podia criar um mundo de amor duradouro, um mundo onde a união romântica abria o coração e elevava o espírito. Eu podia criar o paraíso. As fantasias de amor verdadeiro e união perfeita que eu oferecia à Barbie e ao Ken estabeleceram os pilares para a minha própria busca por amor. Eu vivia num mundo onde meus avós maternos ficaram casados por quase oitenta anos, onde meus pais claramente planejavam ficar juntos para sempre (embora desde cedo fosse óbvio para mim que eles, e casais como eles, não estavam necessariamente realizados no amor). Eu era obcecada pela realização. Queria entender como era possível fazer o amor dar certo.

O desejo de entender e conhecer o amor me acompanhou da infância à idade adulta; era a paixão determinante da minha vida. Conforme amadurecia emocionalmente, a natureza dessa obsessão se transformava. Após a conversão feminista, minhas reflexões sobre o amor não eram mais heterossexistas como tinham sido antes do feminismo. Comecei a perceber que os caminhos para o amor são muitos, e o jeito de amar é único. E, mais que nunca, sabia que era possível que as mulheres conhecessem os encantos do amor ao longo da vida. Por isso queria escrever um livro mais pessoal sobre a busca das mulheres por amor, sobretudo o significado dessa busca na meia-idade.

Meu primeiro livro, *Tudo sobre o amor: novas perspectivas*, foi uma discussão mais geral sobre o significado e a prática do amor em nossa vida. Este livro, *Comunhão*, é uma discussão mais pessoal sobre como minhas reflexões sobre o amor mudaram na meia-idade. Ao explorar minha própria busca pelo amor verdadeiro, analiso como o impacto do movimento feminista alterou para sempre a vida das mulheres, como abriu avenidas que estiveram sempre fechadas rumo à igualdade social com os homens. As mulheres têm uma liberdade maior que nunca, e, ainda assim, não está claro se essa liberdade nos deu maior acesso ao amor verdadeiro. Não está claro como essa liberdade alterou a natureza do romance e da parceria. Algumas de nós já foram casadas ou permanecem em casamentos ou parcerias duradouros. Muitas de nós são autossuficientes economicamente. Várias de nós não têm filhos. Mais do que nunca, há muitas mulheres solteiras se aproximando da meia-idade sozinhas. Nosso anseio por companhia, por amor, raramente é discutido de uma forma realista, que se articule com a natureza dos contextos em que vivemos.

Até recentemente, houve pouco debate sobre nosso destino quando se trata de amor e parceria romântica, para além da ideia mais difundida de que qualquer mulher solteira e heterossexual que passou dos trinta anos tem maior probabilidade de ficar sozinha para sempre. E que Deus não permita que ela chegue aos quarenta sem ter encontrado um homem. Ao se apoderar dessa ideia, usando-a como propaganda para incutir medo no coração das mulheres, a mídia de massa operou uma forma sutil e indireta de contra-ataque antifeminista. Para aquelas entre nós que estávamos mais concentradas em obter educação superior, construir carreiras e — sejamos honestas — ganhar algum dinheiro para que pudéssemos ter controle de nossa situação financeira, sermos bombardeadas com mensagens nos dizendo que tínhamos mais chance de morrer em um acidente de avião do que de encontrar um parceiro era, no mínimo, uma advertência. No famoso filme *Sintonia de Amor* (1993) todas as pessoas do convívio da personagem interpretada por Meg Ryan a incentivam a se preocupar e entrar em pânico porque não é casada. Ao pesar as estatísticas que sugerem que ela não vai encontrar o amor, ela se aflige com sua vida que, de todo resto, é feliz. Como uma ameaça, essas estatísticas serviam para alertar as mulheres de que seria melhor voltarmos a nos concentrar no projeto de conseguir e segurar um homem — que essa, acima de todas as coisas, deveria ser nossa principal preocupação.

Então, quando essa calamitosa advertência me atingiu, eu estava sofrendo com o dilema de me separar ou não do meu companheiro. Estávamos juntos havia mais de dez anos, mas eu simplesmente não estava satisfeita. Ele não estava comprometido com crescimento pessoal nem abertura emocional. Embora defendesse a igualdade no mercado de trabalho, na nossa vida íntima ele achava que eu estava ali principalmente para atender às suas necessidades sexuais. Como muitas mulheres, eu estava atenta à advertência de que poderia nunca mais encontrar outro parceiro. Entre outros medos, isso provavelmente serviu para me manter no relacionamento por mais tempo do que eu deveria. No fim das contas, meus medos não foram tão importantes quanto meu anseio por liberdade, autorrealização e amor. Para mim, deixar esse relacionamento não era uma questão de desistir do amor; era o gesto que me libertaria para realmente procurar por ele — o gesto que me permitiria amar de novo. Então fui embora. E me senti bem. Eu nunca ia conhecer o amor naquele relacionamento. Deixá-lo abriu a possibilidade de encontrar amor.

O amor deveria ser tão importante para as mulheres na meia-idade quanto era na infância, quando éramos adolescentes procurando de olhos bem abertos pelo amor verdadeiro e pela união perfeita. Ainda estamos procurando. Algumas de nós encontraram o amor almejado. A magia da meia-idade é que muitas de nós agora sabem mais sobre o significado do amor; sabemos mais sobre o que significa amar e ser amada. Somos mais experientes.

A maioria de nós teve seus sentimentos feridos. A dor nos abriu para nos prepararmos para o amor prometido — nos deu a oportunidade de aprender com o sofrimento. Sabemos que o amor existe. Algumas de nós ainda estão esperando. Sabemos que vamos amar de novo. E, quando amarmos, o amor vai durar. Temos considerável consciência, após aprender com muitas tentativas e erros, de que o amor verdadeiro começa com amor-próprio. E que repetidas vezes nossa busca por amor nos traz de volta ao ponto de onde partimos, de volta ao espelho do nosso próprio coração, no qual podemos observar com amor as mulheres que somos e nos renovar.

As críticas feministas ao amor tornaram mais difícil que mulheres progressistas e poderosas falassem sobre o lugar do amor em nossa vida. O silêncio minou nossa liberdade de nos autodefinir por completo, algo que a libertação das mulheres tinha a princípio conquistado. Embora as pensadoras feministas estivessem certas em destruir e descartar modos antiquados e patriarcais de pensar sobre amor e romance, meninas e mulheres ainda precisam preencher essa lacuna com novas perspectivas libertadoras repletas de esperança e promessa. Sem essas novas perspectivas para servirem de guia e mapa, o caminho até o amor continua difícil de encontrar, e a busca nos deixa em falta, não realizadas. As mulheres, assim como a cultura como um todo, precisam de visões construtivas de amor redentor. Precisamos retornar ao amor e declarar seu poder transformador.

02.
o lugar adequado do amor

Minha mãe nunca falava de amor. Ela e suas irmãs eram mulheres bonitas que gostavam de se divertir. Elas se casaram jovens e tiveram filhos. O casamento era mais importante que o amor. O amor podia tirar você da linha. O casamento era um lugar seguro — um lugar onde as mulheres podiam enterrar sonhos e fingir, criar um mundo de faz de conta e ficar nele para sempre. Mesmo antes da adolescência, eu sabia que não queria me casar. Eu tinha visto de perto o casamento dos meus pais e decidi que aquilo não era para mim. Ou, como lembro de ter dito para minha mãe com toda confiança no meio de uma briga: "Nunca vou me casar. Nunca vou deixar um homem me dizer o que fazer". Claro, esse era o meu jeito indireto de questionar por que ela se curvava a todos os caprichos do meu pai.

Como todas as outras mulheres de sua geração, as quais se casaram entre o fim da década de 1940 e o início dos anos 1950, minha mãe acreditava que o papel da mulher era ficar atrás do seu homem e apoiá-lo. Era seu papel obedecer às vontades dele e atender a todas as suas necessidades. Em troca, ele a protegeria e proveria. Essas crenças eram disseminadas na Bíblia e na igreja, na escola e na comunidade, e nas revistas femininas de que ela tanto gostava. Elas provavelmente teriam impactado mais a minha consciência se eu não fosse fascinada pelo relacionamento entre minha avó materna, Baba, e meu avô, Gus. Eles também não falavam de amor. Eram casados desde sempre. E, quando pequenos, ficávamos fascinados pela relação entre eles porque sabíamos que tinham quartos separados. Nossos pais nunca quiseram nos explicar por que eles não dormiam juntos, mas eles (nossos velhos e tagarelas avós) estavam sempre dispostos a contar tudo. Baba não tinha papas na língua para dizer que não suportava o cheiro constante de tabaco, e ele — nosso avô — fedia a tabaco. Ele enrolava os próprios cigarros, então sempre havia restos de tabaco por lá, na cômoda dele, dentro dos bolsos. Vovô Gus era ainda mais inflexível ao dizer que dormir sozinho fazia mais sentido que dormir com outra pessoa, porque podia ter sua cama e seu quarto do jeito que gostava. Isso é o que mais lembro dos meus avós. Seus quartos expressavam personalidades únicas e separadas. Eles me ensinaram pelo exemplo que era possível se casar e ainda manter a própria identidade.

Na casa deles, era Baba quem mandava. Ao vê-la tomar o controle e fazer da casa um lar, aprendemos que os homens nem sempre estavam no comando. Vovô Gus era um homem tranquilo, afetuoso e gentil. Baba era do tipo controladora, confrontadora, que criava as regras; gostava de exercer o poder e podia ser cruel. Quando pequena, eu sabia que meu pai desaprovava essa inversão dos papéis tradicionais de gênero. Ele acreditava que, numa família de respeito, o homem sempre seria o chefe incontestável da casa. No nosso lar, ele era o patriarca. A palavra dele era lei. O poder — não o amor — parecia ser o tema subjacente à vida cotidiana nesses dois lares. Ainda assim, pude perceber desde cedo que o lar de Baba, esse mundo governado por uma mulher, era um lugar mais afetuoso, mais gentil do que o mundo do casamento dos meus pais. Enquanto os meus avós tinham um vínculo pacífico, o relacionamento de mamãe e papai era caracterizado por tensões e conflitos. Decidi muito jovem que, se o casamento era essa batalha de poder, com uma pessoa na liderança e outra abaixo, eu não queria participar. Perdi o interesse no casamento ainda com pouca idade, mas essa perda apenas intensificou meu desejo de procurar e encontrar um amor que fosse mais vital do que o desejo por poder.

Minhas ideias sobre o amor também vinham de livros e da televisão. Como uma menina dos anos 1950, me ensinaram que o lugar da mulher era no lar. Que seu destino era ser uma boa dona de casa, cuidar do marido e da família, na saúde e na doença, sem reclamar. No papel de cuidadora, ela também era responsável pela felicidade de todo mundo. Era trabalho dela criar bem-estar emocional. Ela fazia isso ao atender às necessidades de todos. Na infância, eu via como minha mãe se esforçava para cumprir essas tarefas. Nós, seus filhos, admirávamos sua capacidade de organização, de fazer tudo com elegância, habilidade e beleza. Ela fazia o serviço. Enquanto papai se preocupava com o trabalho e com o próprio prazer, ela satisfazia nossos desejos.

Apesar de sua generosidade e poder, os talentos dela não eram reconhecidos. Não havia recompensas. Nosso pai, "o patriarca", sempre encontrava defeitos. A perfeição que víamos nela nunca era o bastante para ele. Ela estava sempre trabalhando mais para agradar. Isso a esgotava. Exausta até os ossos, ela tentou se afirmar na meia-idade ao contrariar a vontade do meu pai e começar a trabalhar fora. E mesmo assim ele encontrou novas maneiras de minar essa recém-conquistada independência. Isso aconteceu com muitas mulheres casadas que entraram no mercado de trabalho na meia-idade esperando obter maior autossuficiência econômica e liberdade, mas viram essa esperança ruir quando maridos ou se apropriavam de seus salários, ou deduziam a quantia que a mulher ganhava das despesas da casa que o homem antes cobria. Ainda assim, mesmo quando as mulheres, como minha mãe, não encontravam autossuficiência e liberdade econômica no trabalho, elas com frequência sentiam aumentar sua autoestima. E isso fazia diferença, ainda que relativa, no seu dia a dia. Quando chegou o momento em que eu completaria dezesseis anos, eu tinha testemunhado o bastante da exaustão de mamãe para saber que aquilo não era para mim. Eu não seria uma esposa ou uma dona de casa subordinada.

E a única saída desse papel para uma menina da classe trabalhadora era a educação. Se não se casavam, a única carreira que as mulheres assumiam no nosso mundo era a licenciatura. Mais do que tudo, eu amava ler livros quando menina e queria escrevê-los. Incontáveis biografias de mulheres revelam que jovens meninas que presenciam o sofrimento da mãe nas mãos de homens tiranos — pais, irmãos e/ou maridos — são profundamente afetadas pelo trauma. Não queremos apenas resgatar nossas mães mas também mudar nosso destino para nunca sofrermos do jeito que elas sofreram ou sofrem. Determinada a inventar meu destino, dei as costas aos papéis femininos aceitáveis.

Mesmo antes de saber o que era o movimento pela libertação das mulheres, eu me rebelei contra as expectativas convencionais. Quando contei que queria ser escritora, que não tinha intenção de ser esposa nem mãe, minha família reagiu com horror.

Pensaram que o diabo estava falando através de mim. No sistema de crenças deles, simplesmente não era natural que uma mulher não desejasse um lar e uma família e se recusasse a ser obcecada com o casamento. Contrariar esses desejos era contrariar Deus; algo que me marcava como uma pecadora — uma perdida.

Apesar de aceitar minha identidade de garota perdida, eu me sentia uma aberração da natureza. Não tinha escolhido essa identidade, forças invisíveis a impuseram a mim. Eu não podia mudar o fato de que ansiava mais por um bom livro do que por ficar de mãos dadas com Oscar Brewer. Aceitei meu destino, embora ele me fizesse sofrer. Religiosamente, meus pais tentavam me tirar de dentro dos livros. Eles me faziam sentir vergonha. Me humilhavam. Puniam. Aqueles livros estavam me arruinando, me dando ideias demais e voz demais — todas as coisas que destroem a habilidade de uma mulher de se tornar uma boa dona de casa. Na presença de nosso pai, minha mãe reafirmava essas crenças. Entretanto, quando ele não estava, nas sombras diurnas de nossa rotina, enquanto ele trabalhava, ela incentivava a leitura. Falava de sua época de colégio, do desejo de ser escritora. A divisão na personalidade dela era o espaço da rebelião privada contra o patriarcado. Era o espaço em que revelava a profunda decepção com o casamento, que não tinha se mostrado um lugar seguro onde ela seria estimada, cuidada, protegida e amada. Porém, no fim do dia, na melancolia noturna, quando papai voltava para casa, ela ainda era uma mãe dos anos 1950.

E eu continuava uma aberração da natureza: uma daquelas mulheres não naturais que estava tentando resistir à ideia da biologia como destino. Naquela época, os supostos grandes estudiosos da psicologia tinham confirmado que não podíamos escapar. Que era normal as mulheres serem passivas. Que qualquer desejo por autonomia era patológico. Ela deveria se realizar com e por meio de seu homem. Uma mulher que desejasse algo mais era uma destruidora endiabrada, louca e castradora. Com a quantidade certa de vergonha e aversão dirigida a mim mesma, aceitei meu destino enquanto secretamente acreditava que poderia mudá-lo. Acreditava que poderia e encontraria um parceiro que me amasse exatamente como eu era. Eu poderia e teria tudo: ideias, livros, escrita e amor. O único mundo a afirmar que isso era de fato possível era o dos livros.

Os livros me ajudavam a separar o casamento do amor. Desisti do casamento quando menina, mas acreditava plenamente em um amor redentor todo-poderoso. Amor verdadeiro e união perfeita entraram no meu mundo por meio dos contos de fadas e, mais tarde, dos romances. Nesses contos fantasiosos, aprendi que era possível encontrar uma alma gêmea e, com esse parceiro, curar as feridas da infância. Cinderela era o principal exemplo. Enquanto o destino a levara a ser vítima da dor e da injustiça, ela foi resgatada pelo amor. Como Branca de Neve, Rapunzel e todas as outras heroínas de livros que estavam perdidas, mas encontraram seu caminho para casa, eu acreditava que seria resgatada da ausência de amor da minha infância. Encontrar o amor curaria minhas feridas.

Mais tarde, quando li os vitorianos, minha convicção de que o amor me resgataria se intensificou. O destino de Jo em *Mulherzinhas* era prova de que a vida podia ser diferente, de que o amor prevalecia. Embora o final da personagem não seja ao lado do homem de seus sonhos, ela se casa com um parceiro perfeito para ela, que valoriza seu intelecto. *Jane Eyre* comprovava que era possível sair do sofrimento e das agressões da infância e se descobrir admirada, desejada, amada. Eu alternava entre a leitura de grandes clássicos da literatura de amor e romances baratos. Na época em que o selo editorial Mills & Boon começou a publicar livros que depois se tornariam os romances da Harlequin,[3] a maioria dos enredos era sobre mulheres da classe trabalhadora que atravessavam dificuldades e obtinham como recompensa um relacionamento amoroso com um homem poderoso e, com frequência, mas nem sempre, rico. No centro dessas tramas havia a insistência de que o herói masculino venerava e adorava a mulher da vida dele. Nenhuma violência nem abusos domésticos existiam nesse mundo de mulheres pobres da classe trabalhadora que encontravam o amor.

Eu não era a única a acreditar no poder transformador do amor. Mesmo garotas normais que ansiavam por casamento e família acreditavam que realizariam esses sonhos ao atravessarem os portões do amor romântico. As convenções morais e psicológicas predominantes nos anos 1950 sancionavam nossa crença inocente de que nos encontraríamos no amor e por meio dele. Os homens que amávamos iam nos redimir e nos resgatar. Estávamos dispostas a dar tudo por amor porque acreditávamos que o amor nos recompensaria na mesma medida. E, no caso daquelas de nós que eram aberrações da natureza, que não eram "naturalmente" obcecadas por agarrar e segurar um homem, o amor era ainda mais importante. Era nossa única esperança de salvação.

Meus primeiros amores foram "bad boys" indisponíveis. Embora eu conseguisse atrair a atenção deles me valendo do jeito como garotas meio nerd, inteligentes e bonitinhas podem

---

3. Harlequin é uma editora que publicava romances baratos com conteúdo levemente erótico, também conhecidos como romances de banca. [N.E.]

despertar fascínio, nunca conseguia segurá-los por muito tempo, já que falhava em demonstrar o que realmente importava — a adoração ao homem e ao falo. Eu não era o tipo de garota que um rapaz conseguia seduzir com elogios. As fantasias sexuais de "ir até o fim" eram o conteúdo dos meus sonhos, mas na realidade todos os garotos que eu conhecia morriam de medo do meu pai. Se eles me deixaram intacta, se me pouparam da sedução ou de estupros em encontros no banco traseiro de um carro — não raro, esses eram os apuros de uma menina inocente, inteligente e virginal —, foi só porque temiam o patriarca silencioso (meu pai, o senhor Veodis), que eles acreditavam que vingaria violentamente qualquer ataque a sua propriedade feminina. O único amor que tive no ensino médio que de alguma forma perdurou foi com Skipper, um atleta esguio dois anos mais novo que eu, alto para a idade dele. A princípio, debocharam de mim por sair com um garoto mais jovem. Escolhi Skipper porque ele gostava da minha inteligência. Meus pais ficaram satisfeitos porque pelo menos havia uma prova concreta de que eu era "normal". Escolher Skipper significava que havia esperança para mim. Gostaria de poder dizer que minha escolha foi um sinal de coragem. Só que, ao contrário, eu temia não ser "normal". Como consequência, sempre que me interessava por um homem, eu ia atrás da conexão de maneira muito passional. No geral, os homens de todas as idades despertavam em mim pouca curiosidade e muito medo. Eu tinha aprendido a temer a masculinidade, o poder do pai de punir e o poder dos homens de destruir e estuprar.

Meu pai falava diretamente comigo sobre os homens. Sempre que uma das minhas irmãs queria sair com alguém considerado inaceitável, ele dava seu depoimento de como conhecia os homens, dizendo-nos que ele sabia "como os homens são de verdade", para que não precisássemos descobrir. A única lição sobre os homens que ele nos ensinou e perdurou é a de que os homens de verdade deveriam ser temidos. Nós o temíamos. E, portanto, nunca tivemos de fato a oportunidade de conhecê-lo, fosse para lhe dar amor ou conhecer o amor dele. Ele protegia e provia. Exigir que reparasse na gente para além disso era criar problema. Até o dia em que saí de casa, perdi todas as batalhas contra o meu pai. A palavra dele era lei. Era impossível amá-lo ou sentir o amor dele. Ele era o patriarca que inspirava medo, não amor. A última batalha entre mim e meu pai ocorreu quando eu quis estudar na Universidade Stanford, longe de nossa casa de classe trabalhadora no Kentucky, na Califórnia, um lugar estranho e cheio de pecado. Apesar de ter despejado meus sonhos aos pés da minha mãe — uma vez que ela era simultaneamente intérprete de sonhos e maga dos desejos, capaz de torná-los realidade —, foi o meu pai, o homem calado que não tinha participado das discussões sobre faculdade, quem decidiu que eu não podia ir. A Califórnia ficava muito longe. Ele nunca falara uma palavra sobre faculdade comigo. Uma vez que a palavra dele era lei, sua decisão era final. Mamãe era a mensageira. A princípio, aceitei o veredito, derramando lágrimas de raiva e jogando minha carta de aceitação na lixeira. E então alguma coisa em mim se rebelou.

Senti na alma que essa era a minha chance e precisava aproveitá-la. Desafiei a vontade do pai. E não morri. Rebeldemente, anunciei que iria a Stanford. Nunca soube o que meu pai pensou da minha decisão. Quando parti para a faculdade, minha mãe estava sozinha no ponto de ônibus acenando um tchauzinho e me desejando o melhor.

Sair de casa apenas aguçou minha sensação de ser uma alma perdida neste mundo, uma andarilha em busca de um lar.

Na minha cabeça, encontrar um lar era sinônimo de encontrar o amor. Cheguei a Stanford na esteira da revolta contra a guerra no Vietnã, no fim dos anos 1960. "Revolta" era a palavra de ordem. Defensores do movimento *black power* estavam desafiando todo mundo a militar pelo antirracismo; a invenção e o uso disseminado da pílula anticoncepcional tinham feito da libertação sexual um lugar-comum; e o movimento feminista estava mudando a vida das mulheres. E lá estava eu, uma garota ingênua do Kentucky, tentando encontrar meu caminho para um lar.

A jornada era igualmente ousada e assustadora. Eu, como muitas de minhas colegas de Stanford, tinha inúmeras contradições. Queria encontrar minha identidade e ser autônoma, ao mesmo tempo que queria encontrar um parceiro que me resgatasse, provesse e protegesse. Claro que eu queria ser capaz de me sustentar sozinha. Mas, caso isso não acontecesse, eu queria o luxo de um plano reserva. Eu não era um espírito livre. Queria misturar valores antiquados aprendidos em casa — que me instruíam a ser conservadora, tomar cuidado e ser responsável — com a espiritualidade New Age e ideias radicais de liberdade e escolha. Não importava o quanto eu desejasse me libertar de uma noção de responsabilidade com o bem coletivo, com a família e a comunidade, eu estava psiquicamente amarrada. Tive forças para me rebelar, mas não tinha força para desapegar. Eu estava, como gerações de mulheres antes de mim, fragmentada, dividida entre duas identidades concorrentes: o anseio por ser uma mulher liberta, independente, sexualmente livre; e o desejo de estabilidade e de ser domesticada. Enquanto minha mãe e outras de sua geração tinham se sentido divididas entre o anseio de ser boa esposa e mãe e o desejo de autoexpressão individual, eu estava dividida entre o desejo de seguir os ditames da minha subjetividade e a desconfiança em relação a essa subjetividade.

Embora eu tivesse escolhido adotar a persona de garota rebelde, maluca — o que parecia um preço baixo diante da possibilidade de estar em contato com meu anseio de criar, de conhecer a mim mesma e ao mundo —, não estava preparada para encarar o mundo sozinha. Eu simplesmente não tinha as habilidades de sobrevivência necessárias. Apesar de problemas alimentares (volta e meia eu ia parar no ambulatório), noites sem dormir e períodos de intensa depressão, eu buscava obstinadamente meu próprio caminho. Queria me autodefinir. Quando ser "perdida" se tornou um fardo pesado demais para o meu espírito, procurei por amor — por um parceiro que me ajudasse na missão de me sustentar sozinha e me desse a coragem necessária para continuar.

A dificuldade de encontrar apoio para ser uma mulher insubmissa que resiste às normas sexistas ainda existe hoje para as mulheres jovens. Para se definirem em oposição à tirania da desvalorização sexista, as jovens mulheres de hoje adotam orgulhosamente a persona de "megera". A aguerrida Elizabeth Wurtzel, de trinta e poucos anos, declara que "a persona de megera nos atrai" porque "é a ilusão da libertação, da desinibição libertina". Minha geração de mulheres insubmissas, todas nós agora com quarenta e tantos ou cinquenta e poucos anos, não queria ser megera. Queríamos ser plenas e autorrealizadas, nos dois sentidos. E sabíamos que o mundo estava contra isso, contra nós. Nossa esperança era a de que, procurando por amor, encontraríamos uma parceria, com um homem ou uma mulher, que validaria essa busca.

Ainda não se escreveu o bastante sobre o período de transição que as mulheres atravessam quando abandonam velhos planos e embarcam em novas jornadas. Embora existam muitos textos históricos e sociológicos documentando as mudanças que ocorreram no pensamento e no comportamento das mulheres no fim dos anos 1960 e começo dos 1970, como consequência dos avançados métodos de controle de natalidade e do movimento pela libertação das mulheres, as consequências psicológicas dessas mudanças não foram articuladas com a mesma clareza. Ao contrário de um número significativo de colegas advindas de classes privilegiadas, cujas mães eram profissionais de carreira ou cujos pais apoiavam sua busca por individualidade autônoma, eu e outras vindas do mesmo contexto lutávamos sozinhas. Esse isolamento era, com frequência, terreno fértil para doenças mentais.

Recentemente, contei a uma das minhas irmãs mais novas (ambas estamos na meia-idade) que me consultei com minha primeira terapeuta (uma psiquiatra) quando eu tinha dezoito anos. Ela, uma terapeuta, queria saber o que tinha me levado a buscar ajuda. Respondi que "eu sabia que não era normal". Não era normal querer se matar. Eu sabia que precisava de ajuda. Por sorte, eu era uma caloura no primeiro ano de faculdade numa faculdade só de mulheres (antes de me transferir para o mundo misto da Universidade Stanford), onde preocupações com saúde mental eram abordadas sem estigma negativo. Eu estava rodeada de muitas jovens mulheres talentosas e inteligentes que queriam caminhar por rotas diferentes das que os nossos pais tinham escolhido para nós. Nossa insubmissão nos colocava em risco psíquico. Havia um custo emocional por não se encaixar.

Aquelas entre nós que sofreram por não ter mapas adequados para traçar a jornada e eram incapazes de articular totalmente sua história encontraram consolo na escrita de Sylvia Plath. Ela foi um ícone para a minha geração porque sua experiência representava os conflitos que suportávamos, ou com os quais nos debatíamos, e as contradições que estávamos encarando. Queríamos ser iguais aos homens em todos os sentidos, e queríamos ser nós mesmas, e não tínhamos certeza se essas duas jornadas nos levariam ao mesmo lugar. Apesar de chegar à idade adulta num mundo de incrível igualdade social entre os sexos, Elizabeth Wurtzel vai direto ao ponto em *Bitch: In Praise of Difficult Women* [Megera: um elogio às mulheres difíceis] quando escreve:

> Plath é a voz de alguém que quer permissão para querer — ela quer o luxo não apenas de um desejo, mas de muitos. [...] Como lhe negam o cultivo saboroso de tudo o que é feliz e esperançoso em seus desejos, ela fica exaurida e vazia, uma náufraga emocional. A carência é uma ausência onerosa cujo peso é muito maior que sua brilhante presença: no fim, é inanição psíquica o que a mata.

Nos anos 1950, período que Plath retratou no romance *A redoma de vidro*, os conflitos internos mais profundos de garotas inteligentes eram o medo de nosso corpo nos trair, a depressão causada por falta de apoio emocional e o fato de não ter para onde fugir.

No meu caso, eu estava presa entre uma concepção de mim mesma como uma aberração louca e histérica, que me havia sido imposta na família patriarcal, e a concepção de mim mesma como uma escritora boêmia, que eu tinha inventado em grande parte no terreno da fantasia. Certamente não havia modelos para a mulher que eu queria me tornar. Por um longo período, o destino de Emily Dickinson representava um modelo realista para a minha vida. Ao escolher ser escritora, eu ficaria sozinha. Como Dickinson, eu não viveria sozinha, assim como nenhuma mulher na história da minha família tinha vivido sozinha; mulheres solteiras eram abrigadas por familiares e outros parentes. Como Dickinson, eu criaria um espaço solitário no meio da comunidade patriarcal. Ainda que minha família às vezes apoiasse minha busca por educação a fim de garantir um bom emprego, esse apoio sempre desaparecia quando eles achavam que eu estava aprendendo ideias que contrariavam os valores praticados em casa e na igreja.

Quando cheguei à Universidade Stanford, ávida por me tornar uma intelectual e escritora, não estava nem um pouco preparada para viver longe da rígida comunidade cristã fundamentalista que eu conhecera a vida toda. Todo meu livre-pensamento tinha sido construído no seio de uma família fascista. Toda minha insubmissão tinha sido por conta de pequenas questões. E as punições foram ferozes. De repente, não havia guardas nem espiões, ninguém a quem prestar contas em casa. Mesmo assim, ainda precisava lutar contra a vigilância dentro da minha cabeça. Contra a voz da família ou da igreja patriarcal, essas autoridades internalizadas que me mantinham na linha. Essas eram as vozes insistindo que sexo antes do casamento era pecado, que isso arruinaria uma boa mulher; que escolher ser inteligente afastaria os homens; que ser "inteligente demais" enlouqueceria uma mulher. Tentava rebater e me opor a essas vozes, mas nunca conseguia realmente abandoná-las. Quando eu experimentava ou me arriscava, ia apenas até certo ponto — nunca até o fim. Psicologicamente, eu tinha sido socializada dentro da família para temer por minha saúde mental. Ensinada a acreditar que bastaria um colapso nervoso para ser enviada a um sanatório pelo resto da vida, eu não confiava em mim nem nos meus desejos.

Sem o discernimento necessário para buscar cuidados contínuos em saúde mental que me ajudassem a confrontar fobias e medos debilitantes, eu procurava por amor. Embora essa busca tomasse tempo e energia, nunca desviei minha atenção do trabalho acadêmico e intelectual. Claro, fui resgatada da loucura pelo movimento feminista. A libertação das mulheres deu foco à minha busca e aos meus anseios. Validou meu desejo de ser autorrealizada. Mas não mudou minha vontade de encontrar amor. Me ajudou a colocar a busca por amor na perspectiva adequada. Me ajudou a ver que as mulheres dentro do patriarcado não podiam depender do amor de um homem bom para validar nossa busca por individualidade.

Em última análise, eu não podia confiar que encontraria o amor, mas podia confiar em minha mente. Procurei por amor e encontrei liberdade. E a liberdade que encontrei mudou meu jeito de pensar sobre o lugar do amor na vida de uma mulher. Comecei a ver que o lugar adequado para o amor na vida de uma mulher não tinha como fonte o amor dentro de relacionamentos, mas o amor gerado na busca por autorrealização. Ao declarar essa busca como essencial, como a jornada que determinaria meu destino, percebi que o lugar adequado para o amor era a fundação sólida sobre a qual eu me inventaria e construiria uma vida. Unir a busca por amor à jornada para ser livre era o passo crucial. Procurando amor, encontrei o caminho para a liberdade. Aprender a ser livre foi o primeiro passo para aprender a conhecer o amor.

03.
procurar amor, encontrar liberdade

Minha busca por amor me levou ao feminismo. O pensamento feminista me libertou do peso do passado. Rompendo o isolamento que fora minha sina enquanto eu crescia, o feminismo me levou a grupos de mulheres que tinham histórias similares a contar, mulheres que, como eu, queriam ser totalmente autorrealizadas, acabar com o sexismo, ser sexualmente livres e ter o coração pleno. De repente, estávamos todas ouvindo nossas vozes. Minha primeira aula em estudos sobre a mulher[4] foi ministrada pela escritora Tillie Olsen. Ao compartilhar conosco memórias do sofrimento de sua luta como mulher da classe trabalhadora que lidava com casamento e família enquanto tentava construir uma carreira de escritora, ela nos ofereceu relatos em primeira mão a respeito dos sacrifícios e das dores. Seu depoimento alvoroçou a minha alma. Ao ler o final do conto "I Stand Here Ironing" [Eu fico aqui passando roupa], de Olsen, qualquer coração feminino perquiridor ficaria alvoroçado diante dessa declaração da mãe a respeito da filha:

---

4. Em inglês, o termo *women's-studies* foi posteriormente substituído por *gender studies*, assim como no Brasil o termo "estudos sobre a mulher" tem sido substituído por "estudos de gênero". [N.T.]

Minha sabedoria chegou tarde demais. Ela tem muito dentro de si e provavelmente não vai sair nada dali. Ela é filha de seu tempo, da depressão, da guerra, do medo. Deixe estar. Então tudo que vive dentro dela não vai desabrochar — mas em quantas desabrocha? Ainda resta o suficiente para seguir vivendo. Apenas a ajude a acreditar — ajude a fazer com que haja um motivo para ela acreditar que é mais do que esse vestido na tábua de passar, impotente perante o ferro.

Essa era a ficção de Olsen. Uma professora vibrante, ela estava nos incitando — as jovens pensadoras feministas — a desabrochar, ousar, arriscar.

Conforme eu entrava mais e mais no pensamento do feminismo radical, encontrava ali o único lugar onde relacionamentos entre mulheres e homens eram seriamente discutidos. Em nossas aulas de conscientização e reuniões privadas, aprendíamos a entender o impacto do pensamento patriarcal sobre nossos relacionamentos com homens. Ao contrário do que a mídia de massa insistia em dizer — que estávamos aprendendo a odiar os homens —, na verdade aprendíamos a entender de que modo a identidade e a autorrealização masculinas eram usurpadas pela socialização patriarcal. Homens que oprimiam mulheres não o faziam por agir simplesmente de acordo com seu livre-arbítrio; eles eram, a sua maneira, agentes de um sistema de cuja implementação não haviam participado. Ainda assim, a compaixão pelo abuso patriarcal sofrido por homens não era tão intensa quanto o entusiasmo pela ação das mulheres e nosso desejo de obter igualdade social com os homens.

Muito antes de haver um ressurgimento de textos New Age sobre o amor, as mulheres ativas no movimento feminista nos fizeram abrir os olhos e analisar até que ponto nosso jeito de pensar sobre o amor — nossas narrativas fundadoras —, além de nos ser repassado por homens, também era moldado para reforçar e manter a dominação masculina. O movimento feminista criou uma revolução no pensamento psicológico. Pela primeira vez na história, foram expostos os vieses sexistas masculinos na teoria psicanalítica. Mulheres e homens que escutavam as pensadoras feministas as ouviram falar de como as teorias convencionais eram moldadas para sustentar hipóteses patriarcais, ouviram as demandas por mudanças e as novas teorias sobre o desenvolvimento feminino que foram trazidas à luz.

Finalmente, a heterossexualidade foi questionada. Slogans como "Se cavoucar o amor dele, você encontrará seu próprio medo", "Dormindo com o inimigo" e "Feminismo é a teoria, lesbianidade é a prática" se tornaram populares. A teórica Marilyn Frye escreveu:

> Há tanta pressão sobre as mulheres para que sejam heterossexuais, e essa pressão é ao mesmo tempo tão difundida e tão completamente negada que eu acho que a heterossexualidade pode não ser algo natural para muitas mulheres [...]. Acho que a maioria das mulheres precisa ser coagida à heterossexualidade. Eu gostaria que as mulheres heterossexuais considerassem seriamente essa proposta [...]. Gostaria que as mulheres heterossexuais fossem tão ativamente curiosas sobre como, por que e quando elas se tornaram heterossexuais quanto eu fui sobre como, por que e quando me tornei lésbica.

Esse questionamento não ocorreu porque as mulheres do movimento feminista odiavam os homens. Era uma resposta direta ao fato de que, quando tentavam compartilhar o pensamento e as práticas feministas com os homens de seu convívio, as mulheres se deparavam com uma forte oposição. A maioria dos homens não queria renunciar aos privilégios do patriarcado. Se os homens não estavam dispostos a abraçar e defender políticas feministas, se estavam comprometidos com a hierarquia sexista, então constituíam uma ameaça ao movimento; estavam se posicionando como inimigos. Logicamente, as mulheres responderam a essa ameaça chamando a atenção para o fato de que era possível ter uma vida sem os homens no centro — uma vida na qual as mulheres não precisariam se curvar às demandas masculinas.

Sem dúvida, algumas feministas que até podiam ter começado a vida sexual e romântica como heterossexuais simplesmente se cansaram de tentar converter os homens ao seu modo de pensar e decidiram que era muito mais fácil construir vínculos amorosos duradouros com pessoas como elas mesmas. Naquela época, debatíamos fervorosamente se era ou não possível que as mulheres alcançassem a libertação feminista no contexto de relacionamentos íntimos com homens patriarcais. Poucos homens se mostravam dispostos a acolher uma transformação feminista. Mulheres que queriam manter seus relacionamentos com homens enquanto simultaneamente abraçavam o feminismo eram forçadas a participar de infinitos embates de poder, o que não era mais a sina daquelas que apenas se afastavam dos homens.

Ideias sobre amor repassadas a nós pelas narrativas patriarcais haviam reforçado que o lugar da mulher era o de dar apoio e cuidado. O pensamento feminista nos sacudiu até o âmago, porque nos disse que isso não fazia sentido. Que o que estávamos ouvindo nessas narrativas não era de forma alguma a retórica do amor, mas a ideologia da dominação. Os homens capturaram a ideia de amor e a remodelaram para servir a seus fins. O feminismo radical não apenas incitava as mulheres a analisar nossas noções de amor; ele nos encorajava a esquecer o amor.

No mesmo momento que abracei o feminismo radical, conheci o homem com quem pretendia passar o resto da minha vida. Nem por um instante pensei que havia me apaixonado. Mulheres livres não "caíam" de amores, nós escolhíamos amar — isso era diferente de cair de amores por alguém. Escolher significava que exercitávamos a vontade, o poder, a ação. Uma "queda" implicava perda de poder, a possibilidade de vitimização. Nunca imaginei que ele fosse o homem dos meus sonhos. Na verdade, nunca tinha sido capaz de fazer o homem dos meus sonhos assumir uma forma concreta, que se aplicasse a um parceiro real. Com toda a arrogância do meu feminismo recém-descoberto, presumi que ele se tornaria o homem dos meus sonhos se eu apenas lhe entregasse um roteiro. Bem no final dos anos 1960 e no começo dos 1970, jovens mulheres ousadas, brilhantes, atrevidas e lindas que se interessavam por feminismo e libertação sexual acreditavam que podíamos exigir não apenas que os homens reconhecessem que éramos suas iguais na cama e fora dela, mas que eles também deveriam aceitar que talvez fôssemos sexualmente superiores, que era essencial à nossa identidade explorar nossa sexualidade, incluindo envolvimentos com mulheres. Não estávamos interessadas em monogamia, já que isso poderia potencialmente nos colocar à mercê de um único homem.

Em tudo, nosso objetivo era o crescimento pessoal. Para nos tornarmos totalmente autorrealizadas, precisávamos abrir nossas asas e voar para todos os lados. Nessa época, as mulheres começamos a declarar entre nós que "boas meninas vão para o céu, e meninas más vão a toda parte", e não havia nem sinal de alguma feminista radical que não se considerasse uma menina "má". A espiritualidade New Age estava fazendo sucesso. E estávamos, como Ntozake Shange declararia mais tarde em sua peça de teatro *For Colored Girls Who Have Considered Suicide/ When the Rainbow Is Enuf* [Para garotas de cor que consideraram o suicídio/ Quando o arco-íris é suficiente], encontrando Deus em nós mesmas "e amando-A profundamente".

Não conheço nenhuma mulher progressista dessa época que não tenha se sentido renascida ao passar pelas mudanças sobre as quais estou falando. Vivíamos com intensidade, inspiradas por um desejo de mudança poderoso, feroz e maravilhoso. Nossos pais não sabiam o que fazer conosco. Universidades que tinham sido essencialmente "apenas para homens" não sabiam o que fazer quando os melhores e mais inteligentes alunos eram garotas, e ainda por cima atraentes. Era realmente uma época de revolução cultural. Limites de raça, gênero e classe estavam sendo cruzados. Todas nós queríamos ser totalmente transformadas pelos movimentos por justiça social. E no cerne de toda essa transformação estava a exigência de repensar as políticas de amor e romance heterossexuais.

Para muitas de nós, "o alvorecer da Era de Aquário" não significava apenas proclamar o amor e deixar de estudar a guerra,[5] mas que o amor que proclamávamos seria centrado no compar-

5. Aqui a autora faz referência a duas canções: a primeira é "Age of Aquarius", imortalizada no musical *Hair*, e a segunda, "Ain't Gonna Study War No More", de Nat King Cole, cuja letra é um manifesto contra a guerra. [N.T.]

tilhamento e na reciprocidade. As mulheres não seriam mais as únicas cuidadoras; os homens fariam sua parte. Os homens não teriam mais o fardo do papel de protetor e provedor; as mulheres entrariam para o mercado de trabalho como iguais, aprenderiam autodefesa e seriam capazes de proteger a si mesmas. Os homens poderiam assumir o papel de dono de casa desempregado, se quisessem. O valor deles não seria mais determinado pelo tamanho de seu salário. Os direitos reprodutivos estariam na ordem do dia, e ter filhos seria, acima de tudo, uma escolha; bebês nasceriam porque foram desejados, e não por serem erros que não podem ser consertados. O casamento sancionado pelo Estado era uma instituição desnecessária; comprometimento e constância aflorariam como ditames do coração, e não por ordens e demandas judiciais. O amor entre indivíduos do mesmo sexo seria respeitado e valorizado. Se as pessoas nasciam gays ou se tornavam gays, estava tudo "joia".

Nesse momento mágico, alguns homens jovens do nosso convívio realmente tentaram mudar para atender às nossas exigências. Se as mudanças vinham por meio de infinitos conflitos e sofrimento, isso parecia ser meramente a natureza da revolução. E o feminismo estava revolucionando. Quando tentamos realizar nossos desejos utópicos no espaço concreto da vida real, nem tudo foi um mar de rosas, e a justiça nem sempre prevaleceu. Eu tinha escolhido um parceiro sete anos mais velho que eu. Frequentávamos as mesmas aulas, as que eram abertas a estudantes de graduação e pós-graduação. Quando ele obteve notas melhores, culpamos o sistema patriarcal. Não era culpa dele. Ele prontamente assumiu sua parte nas tarefas domésticas — cozinhar, limpar e cuidar da casa. Defendia os direitos das mulheres no mercado de trabalho e acreditava na equidade salarial para homens e mulheres no exercício das mesmas funções. Ele apoiava meu crescimento intelectual, atuando como mentor. Nossas lutas mais intensas de poder aconteciam no quarto. Ele acreditava que as mulheres deveriam "servir" ao desejo masculino. É claro que se opunha ao uso da palavra "servir" e preferia "responder ao". Eu exigia que usássemos a palavra "servir". Queria que ele entendesse que eu não era responsável pelos desejos sexuais dele. E se o pênis dele estava duro e ele precisava colocá-lo em algum lugar para buscar satisfação, então precisava encontrar esse lugar. Ele não podia presumir que o meu corpo fosse um território que ele podia ocupar a seu bel-prazer.

Como todas as minhas amigas, eu gostava de sexo e da libertação sexual. O feminismo radical nos encorajava a ver nosso corpo como sendo nosso próprio eu e a não deixar ninguém nos transformar em território ou propriedade. Nos grupos de conscientização e na cama com mulheres lésbicas que tinham escolhido nunca lidar com homens, ou deixar de lidar com eles, éramos interrogadas. Estávamos dormindo com o inimigo, e nossas irmãs ativistas queriam saber se estávamos nos rendendo no quarto ou se nos mantínhamos firmes e fortes, reivindicando nossa agência sexual. Na realidade, aquelas entre nós que dormiam com homens, escolhendo-os como principais parceiros, estavam perdendo a guerra no quarto. Os homens celebravam nossa libertação sexual — nossa disposição a livremente distribuir e apreciar boquetes e sexo grupal, a experimentar penetração anal —, mas, no fim das contas, muitos se revoltaram quando afirmamos que nossos corpos eram territórios que eles não podiam ocupar à vontade. Os homens que estavam prontos para a libertação sexual feminina, caso isso significasse bucetas liberadas sem compromisso, raramente estavam prontos para a agência sexual feminista das mulheres. Essa agência nos deu o direito de dizer sim ao sexo, mas também nos empoderou a dizer não.

Todas essas questões eram tema de constante debate. Desde que o movimento feminista sacudira nosso mundo, as mulheres que o abraçaram se mantiveram constante e criticamente vigilantes. Participávamos de incontáveis grupos, aulas e reuniões para discutir a ligação entre teoria e prática. Estávamos sempre em conflito com os homens do nosso convívio. A batalha mais extrema era no campo sexual. Eu lembro do olhar de absoluta descrença no rosto do meu parceiro quando eu lhe disse que ele precisava entender que, se eu não quisesse fazer sexo por meses, essa escolha era minha e deveria ficar claro que eu não era responsável por atender às necessidades sexuais dele. Apesar de ter achado que eu tinha enlouquecido — que eu estava levando o feminismo longe demais —, ele concordou que, por princípio, eu estava certa, que a verdadeira liberdade para as mulheres, sobretudo em relacionamentos heterossexuais, deveria significar que nós (como os homens) sempre teríamos o direito de nos recusar a atuar sexualmente, sem retaliações. Se ele queria fazer sexo e eu não, ele poderia mudar a natureza de seu desejo sexual, se masturbar ou fazer sexo com outras pessoas. Ele escolheu a última opção.

Concordamos em ter um relacionamento aberto. A não monogamia tinha sido celebrada por feministas envolvidas com homens como uma saída da escravidão sexual. Nenhum homem poderia imaginar que você era propriedade "dele" se estava definido que podia escolher, a qualquer momento, estar sexualmente com outra pessoa. De fato, nós, mulheres, estávamos acostumadas a homens que davam vazão a seu desejo sexual fora do relacionamento principal, sem o consentimento da mulher. Infelizmente, quando as mulheres em relacionamentos heterossexuais tentaram praticar a igualdade, se depararam com barreiras erguidas pelo pensamento patriarcal na mente masculina. A maioria dos homens simplesmente não queria transar com você se você tivesse um relacionamento principal com outro homem. Ou, como era frequente, eles só o fariam se pudessem consultar seu parceiro e ter certeza de que ele concordava. Essa prática não validava o direito das mulheres de controlarmos o próprio corpo; implicava que ainda éramos propriedade masculina. Já as mulheres estavam mais que dispostas a fazer sexo com homens que tinham relações principais (incluindo casamentos) com outras mulheres. E não íamos até essas mulheres pedir permissão. Respeitávamos o direito dos homens de escolher suas parceiras sexuais. Mesmo os homens que professavam acreditar no "amor livre" mantinham noções patriarcais de possessividade quando o assunto era sexualidade. Feministas radicais heterossexuais que continuavam em relacionamentos com homens eram forçadas a confrontar a verdade da insistência de nossas irmãs lésbicas de que os homens nunca respeitariam nossos direitos sexuais e de que eles nunca nos amariam o bastante para nos deixar livres.

Os homens se importavam o suficiente para tentar lidar com nossas exigências. E alguns se importavam o bastante para se converter ao pensamento feminista e mudar. Mas apenas alguns, alguns poucos, nos amavam — nos amavam por completo. E isso significava respeitar nossos direitos sexuais. Até hoje acredito que o debate feminista sobre amor e sexualidade terminou precisamente porque as mulheres hétero não quiseram encarar a realidade de que, na sociedade patriarcal, era extremamente improvável que a maioria dos homens abraçasse de peito aberto o direito das mulheres de dizer "não" no quarto. Uma vez que a grande maioria das mulheres heterossexuais — mesmo aquelas envolvidas no movimento feminista — não estava disposta a dizer não quando não queria fazer sexo, por medo de magoar ou afastar seus companheiros, nunca houve um grupo significativo de homens que precisasse se mostrar à altura do desafio. Embora tenha se tornado mais aceitável que as mulheres dissessem não de vez em quando, não era aceitável dizer não por um longo período. Uma mulher num relacionamento principal com um homem não podia dizer não, porque temia que houvesse outra mulher no segundo plano para tomar seu lugar, uma mulher que nunca diria não. Quando meu parceiro e eu concordamos em ser não monogâmicos, em criar um relacionamento no qual o sexo não era igualado ao amor, um relacionamento no qual éramos igualmente livres para satisfazer desejos sexuais caso nossos parceiros não estivessem interessados, eram as mulheres que constantemente tentavam convencê-lo de que ele estava sendo traído, de que não estava com uma mulher de verdade, porque uma mulher de verdade estaria sempre pronta e disposta a satisfazer as demandas dele. É fato que essas mulheres geralmente não apoiavam o pensamento feminista.

Se o movimento feminista não tivesse criado as condições sociais para que as mulheres repensassem o significado do amor, nenhuma de nós teria sido capaz de estabelecer os vínculos novos e diferentes que estávamos estabelecendo com os homens. Se, como o feminismo radical nos dizia, o amor era verdadeiramente possível apenas entre iguais, os homens deviam abandonar a aceitação do pensamento e das ações patriarcais para amarem as mulheres. As mulheres não teriam os direitos que temos hoje se nossos aliados homens na luta não tivessem se convertido ao pensamento feminista. Uma vez que a revolução sexual nos deixou cientes do fato de que havia uma grande população de homens gays, nós também abraçamos esse eleitorado. Esse grupo, mais do que seus colegas heterossexuais, estava mais disposto a conceder poder e aceitar a igualdade sexual. Vínculos amorosos entre homens gays e mulheres de todas as orientações sexuais abriram a possibilidade de as mulheres se afastarem dos homens hétero patriarcais e ainda terem uma conexão duradoura com pares masculinos.

As narrativas de amor mudaram no fim dos anos 1960 e início dos 1970. O movimento feminista contemporâneo constituiu uma nova ordem social. As políticas de amor e romance heterossexuais foram alteradas para sempre. As mulheres ganharam a perspectiva da reciprocidade — de relacionamentos nos quais não seríamos mais forçadas a ser as únicas a dar apoio e cuidados. Aquelas entre nós que queriam ser totalmente autorrealizadas, explorar a criatividade e desenvolver o eu interior não precisavam mais se ver como aberrações. Podíamos ser professoras ou donas de casa, escritoras ou leitoras — o feminismo nos dava escolhas. Entretanto, quando o assunto era amor, a narrativa tinha mudado, mas ainda esperávamos para ver se mulheres e homens abraçariam as novas narrativas e amariam uns aos outros de modo diferente. Estávamos incomodadas e amedrontadas pelo reconhecimento de que as mulheres podiam ter mais facilidade em obter igualdade com os homens no mercado de trabalho e até no quarto, mas que talvez nunca encontrássemos o amor. No final dos anos 1970, tínhamos alcançado a liberdade, mas ainda estávamos procurando amor. Buscávamos um amor que pudesse acolher as mulheres livres recém-inventadas que tínhamos nos tornado. Fôssemos hétero ou homossexuais, promíscuas ou celibatárias, não sabíamos ao certo como amar a nós mesmas enquanto mulheres livres ou como criar uma cultura na qual poderíamos ser amadas. Precisávamos encontrar um modo de redefinir nossa ideia de libertação feminina para que ela pudesse incluir nosso direito de amar e ser amadas.

04.
encontrar o equilíbrio: trabalho e amor

Procurando amor, terminei o relacionamento em que estive por quase quinze anos. Essa união estável começou quando eu tinha dezenove anos e terminou quando eu passava dos trinta. Meu parceiro e eu não tínhamos conseguido concretizar totalmente a visão de reciprocidade, igualdade e equidade que tinha sido nosso compromisso no mundo do fim dos anos 1960 e dos 1970. Não estávamos mais na faculdade. Sair da refinada atmosfera da vida progressista do campus afetou muitos pensadores radicais. De repente, ao se verem tendo de ganhar a vida num mundo de trabalho verdadeiramente patriarcal capitalista supremacista branco, muitos de nós começaram a desviar seus valores do pensamento livre daqueles dias inebriantes de revolução cultural a fim de fazer concessões e se ajustar. Em números crescentes, todos ao nosso redor estavam se tornando cada vez mais conservadores.

O movimento feminista militante, aliado às mudanças no poder de compra do dólar, transformou a natureza da força de trabalho. Pesquisas indicavam que cada vez mais homens, favoráveis ao feminismo ou não, apoiavam a ideia de mulheres trabalharem fora de casa. Conforme elas obtinham maior poder econômico e novas liberdades, o movimento começou a perder força e influência. No mundo fora do lar, o sucesso feminista podia ser verificado com facilidade, porém, no âmbito doméstico, os modos tradicionais de fazer as coisas estavam retornando lentamente — e com firmeza. Nos anos 1980, para a tristeza de feministas de toda parte, logo ficou evidente que as mulheres estavam fazendo o que a socióloga Arlie Hochschild chamou de "dupla jornada", expressão que dá título a seu livro [*The Second Shift*, em inglês], o que significa dizer que, cada vez mais, a maioria das mulheres exercia uma atividade profissional fora de casa, mas ainda realizava quase todo o trabalho doméstico (cuidar das crianças, cozinhar, limpar e tudo o mais). Em última análise, tinha sido mais fácil criar uma revolução fora de casa do que dentro. Em cada lar, uma só mulher geralmente tinha de se impor perante um só homem, e perante os filhos, para tentar convencê-los de que deveriam mudar hábitos arraigados de comportamento. Isso não era tarefa fácil.

Ainda consigo me lembrar da raiva e da hostilidade dirigidas a uma das minhas irmãs por seu marido e seus filhos quando ela decidiu voltar a estudar para concluir sua graduação e depois ingressar no mestrado. O marido dela trabalhava numa fábrica de automóveis e estava certo de que tinha recursos financeiros suficientes para prover o sustento da família. Entretanto, minha irmã, como muitas mulheres, se sentia isolada, aprisionada pela domesticidade. Conforme as crianças cresciam e saíam de casa, ela percebeu que não tinha um mundo fora do lar. Naturalmente, ela achava isso deprimente. Também temia estar dando um mau exemplo para as filhas. Voltar a ser estudante e trabalhar fora de casa dava um novo sentido a sua vida. Também significava que ela não estaria mais disponível para cozinhar e limpar, para atender a todas as necessidades da família. No começo, eles ficaram muito irritados. Embora ela perseverasse, a situação lhe gerava considerável angústia. Ela não apenas enfrentou um isolamento emocional em relação a sua família como também temia prejudicar a relação entre eles. Mesmo que depois tenham se adaptado e percebido que todos se beneficiavam da presença de uma mãe trabalhadora que não estava sempre brava e deprimida, por muito tempo não a apoiaram.

Não há muitos registros que documentam o que realmente aconteceu quando mulheres comuns já inseridas em famílias patriarcais mudaram seu modo de pensar e se empenharam em incorporar valores feministas na dinâmica familiar. A história não contada exporia o fracasso do feminismo em oferecer diretrizes concretas que mostrassem jeitos de converter a família ao pensamento feminista. A maioria das mulheres precisou fazer isso sozinha. E muitas delas desistiram, rendidas ao status quo, deprimidas e derrotadas.

A incapacidade das mulheres de alcançar, no ambiente doméstico, os mesmos feitos alcançados no mundo do trabalho acabou criando um tipo diferente de raiva. Muitas se sentiram traídas pelo feminismo. Como uma mulher disse em meados dos anos 1980, "o feminismo realmente me fodeu". Essa era uma mulher que estava num casamento de longa data e, por ter acreditado na visão de igualdade, pagava as próprias contas, apesar de ganhar consideravelmente menos que o marido; sentia que, em última análise, não tinha conquistado nada em nome da igualdade: nem casa, nem renda disponível para si. Embora as mulheres concordassem que o trabalho fora de casa podia ser tão enfadonho quanto o trabalho doméstico, quase todas reconheciam que ter um emprego oferecia algum grau de independência e autonomia, aumento da autoestima e a possibilidade de novos interesses. Entretanto, apenas mulheres muito bem remuneradas eram realmente libertadas pelo trabalho. Essas eram as mulheres que não precisavam exercer a "segunda jornada" quando voltavam para casa, já que podiam contratar cuidadoras — cozinheira, faxineira, babá, o que fosse preciso. Mulheres que ganhavam menos que seus companheiros descobriram que o homem da casa era quem mais se beneficiava com essas mudanças. Ele sofria menos pressão econômica e tinha menos responsabilidade. Com frequência, as mulheres se sentiam tão culpadas por trabalhar fora que se esforçavam ainda mais para tornar o lar "perfeito". Além disso, trabalhar fora de casa não significava que as mulheres deixavam de ser financeiramente dependentes dos homens. Em muitos casos, homens que antes contribuíam com uma quantia para o lar passavam a guardar seu dinheiro, e o salário das mulheres era usado para o orçamento doméstico, eliminando assim a possibilidade de que a renda recém-conquistada se traduzisse de fato em poder e liberdade para exigir igualdade ou para escapar da dominação masculina. Entre as mulheres, em grande medida foram as trabalhadoras solteiras que mais se beneficiaram com o aumento de oportunidades para mulheres no mercado de trabalho. Mulheres que começavam a trabalhar e tinham marido e/ou família frequentemente sentiam que a vida tinha se tornado mais dura, mais difícil. Para elas, parecia que a insistência do feminismo no trabalho como rota para a liberdade tinha sido uma traição. A crítica delas se justificava.

Elas dirigiram sua raiva ao movimento feminista. Mas também sentiam — e às vezes expressavam — raiva dos parceiros e da família. Conforme mais mulheres entravam no mercado de trabalho sem o completo apoio e a aprovação dos homens em suas famílias, o lar se tornou ainda mais um local de tensão e conflito. Além de ingressar no mercado de trabalho, elas também estavam abraçando a descoberta da independência psicológica. Isso se tornou a base para exigirem mais do amor. Contribuir igualmente para o orçamento doméstico autorizou muitas mulheres a exigir mais dos homens em termos emocionais. Antes da entrada das mulheres em larga escala no mercado de trabalho, os homens com frequência alegavam que o trabalho duro demandava muita energia, que estavam esgotados e não se podia esperar que interagissem emocionalmente quando chegavam em casa. Agora as mulheres estavam trabalhando, a maioria cumprindo dupla jornada, e ainda se esperava que elas dessem amor. Ao equilibrar trabalho e amor, mostrando um bom desempenho em ambos, muitas mulheres começaram a esperar mais dos homens em termos emocionais. No território do romance heterossexual, queríamos dar e receber um amor fundado no compartilhamento e na reciprocidade.

No fim das contas, mostrou-se infinitamente mais fácil para os homens dar passagem às mulheres no mercado de trabalho, realizar alguma parte — se não a metade — do trabalho doméstico e até assumir um papel mais central na criação dos filhos do que contribuir mais emocionalmente. Em retrospecto, posso ver que exigi do meu parceiro que ele desse mais em termos emocionais porque eu não entendia o que entendo agora: ele não tinha mais o que dar. Estava emocionalmente bloqueado. Travado. Tínhamos ficado juntos por mais tempo do que muitos de nossos semelhantes legalmente casados. Para muitos observadores, chegávamos o mais perto possível da parceria mais carinhosa, construtiva e igualitária que se poderia ter. Lamentavelmente, apesar de termos feito terapia juntos e nos esforçado para salvar nosso vínculo, o amor não venceu. Sendo realista, teriam sido necessários anos de trabalho psicológico para que ele encontrasse o espaço emocional dentro do qual poderia realmente dar amor, e ele não queria se dedicar ao trabalho emocional. Como muitos homens, o melhor que podia fazer era contribuir dentro dos limites tradicionais dos papéis masculinos e femininos, com o acréscimo de algumas mudanças que refletiam o impacto do feminismo e da masculinidade New Age (ou seja, dividir as tarefas domésticas e o cuidado com os filhos). Não quero passar a impressão de que eu era emocionalmente bem-resolvida e, portanto, superior a ele; eu tinha minhas lacunas emocionais. Entretanto, havia trabalhado muito mais, em terapia e com outros recursos, as questões relacionadas ao amor.

Em 1985, época em que eu estava sentindo meu desejo mais intenso de sair do relacionamento, foi publicado o livro *Mulheres que amam demais*, de Robin Norwood. Ele sacudiu o mundo. O movimento feminista tinha lançado uma crítica devastadora aos modos convencionais de pensar o amor e o romance heterossexuais, mas não tinha incentivado o desenvolvimento de novas teorias nem a publicação de muitos livros sobre o assunto — livros que teriam esclarecido como construir relacionamentos duradouros e alegres no contexto da cultura patriarcal. Para preencher essa lacuna, uma vez que inúmeras mulheres — independentemente de nossa orientação sexual — estávamos infelizes no amor, os livros de autoajuda (a maioria deles não feminista) ofereceram orientação e aconselhamento. Ironicamente, o movimento feminista tinha criado um público enorme para essa seara da autoajuda que fazia pouca ou nenhuma menção à libertação das mulheres. Quando mencionada, era quase sempre num contexto negativo.

Por um lado, o livro de Norwood se apropriava e ecoava a crítica feminista de que as mulheres se preocupavam demais com o amor e, por outro, de modo decididamente antifeminista, ele "culpava" as mulheres pelo fracasso na busca por amor satisfatório. Não havia discussões sobre o patriarcado ou sobre a dominação masculina. Os homens não eram responsabilizados por seu fracasso em abraçar o crescimento emocional. Não se discutia até que ponto o retraimento masculino e outras formas de terrorismo psicológico cultivavam nas mulheres o desejo de agradar e apaziguar. Não havia crítica à dominação masculina, nenhum comentário crítico sobre o patriarcado.

Do lado positivo, ela forneceu às mulheres novos jeitos de descrever problemas. Termos como "codependência" e "facilitação" foram úteis na medida em que ofereceram meios para as mulheres entenderem e falarem sobre as tentativas — malsucedidas — de evocar sentimentos e reações emocionais de parceiros emocionalmente fechados que escolhiam permanecer emocionalmente indisponíveis. Entretanto, a traição de Norwood às mulheres estava caracterizada pela exigência de que elas assumissem toda a responsabilidade por corrigir esse problema.

Essencialmente, Norwood revisou o velho manual. Assim como a narrativa tradicional de gêneros tinha dado às mulheres o papel de nutrir o amor, exigindo que nos tornássemos cuidadoras sacrificiais, sempre colocando o bem-estar dos outros acima do nosso, a nova narrativa ainda dizia que a tarefa de nutrir o amor era um trabalho das mulheres. Apesar disso, ela ao mesmo tempo advertia as mulheres para que deixassem de ser emocionalmente carentes, assim não precisaríamos nos preocupar em saber se estávamos recebendo menos do que deveríamos. Em resumo, Norwood, assim como ativistas feministas não esclarecidas, incentivava as mulheres a imitar o comportamento de seus pares masculinos — a reprimir e negar os anseios por amor e simplesmente inventar estratégias úteis (ainda que às vezes manipuladoras) para suprir suas necessidades. A estratégia que Norwood ofereceu e que apliquei ao meu relacionamento, que tinha se tornado cada vez mais um lugar de infinitos conflitos — alguns dos quais culminaram em comportamento abusivo —, era responder exclamando "ah". Por exemplo: seu marido ou parceiro não voltou para casa no horário em que disse que voltaria, ou num horário razoável; em vez de reclamar ou lhe dizer algo, a interjeição "ah" seria pronunciada. Dizer essa única palavra ia potencialmente desarmar uma situação explosiva.

Bem, usei essa estratégia muitas vezes. Funcionou. Meu parceiro da época ficava bastante satisfeito quando, em vez de discutir um comportamento inapropriado ou fazer qualquer exigência verbal de que ele assumisse a responsabilidade por seus atos, eu apenas exclamava "ah". Quem já trabalhou com ou foi vítima de violência doméstica sabe que conflitos (sejam abusos verbais ou físicos) com frequência surgem quando uma mulher começa uma discussão. Em muitas ocasiões, uma resposta passiva pode evitar esse confronto. Entretanto, apesar de várias de nós termos exclamado "ah" para efetivamente manter a paz e mudar o clima em casa, muitas eram estapeadas ou espancadas por pronunciar essa palavra. Obviamente, a resposta de Norwood a essas mulheres que tinham sido ou estavam sendo agredidas era que elas deveriam ir embora. Mas, em seu livro, ela não apresentou nenhuma orientação realista de como mulheres sem autossuficiência econômica deveriam simplesmente usar um pouco da energia do "amor em excesso" para partir.

Apesar das falhas, do antifeminismo básico, muitas mulheres sentiram que *Mulheres que amam demais* as ajudou a parar de facilitar o comportamento codependente. Infelizmente, o livro também silenciou as preocupações das mulheres com o amor. Uma vez que não oferecia ideias progressistas sobre como as mulheres que desejavam intimidade, em especial em relacionamentos heterossexuais, poderiam estabelecer vínculos amorosos dentro de um contexto patriarcal, a obra não intervinha no problema existente. E de forma alguma incentivou os homens a refletir sobre o papel deles na arte de amar. Após o lançamento do livro de Norwood e a assombrosa recepção positiva, tornou-se tabu, entre as mulheres, agir em público como se o amor importasse (já que todas temiam ser identificadas como uma mulher que amava demais). Na intimidade, as mulheres continuaram a agonizar por causa do amor.

Eu e minhas amigas, que eram quase todas feministas, passamos anos participando de grupos de conscientização e criando espaço em conversas íntimas para discutir e debater indefinidamente a natureza dos relacionamentos e o significado do amor nos tempos de feminismo. Aquelas entre nós que continuaram emocional e romanticamente envolvidas com homens eram as mais obcecadas por tentar criar um mapa para o amor que oferecesse orientações para a vida cotidiana. Queríamos saber como encontrar, manter e fazer amor apesar do poder do patriarcado. Queríamos fortalecer os laços existentes com nossos parceiros. Concomitantemente, lésbicas do nosso círculo não tardaram em chamar a atenção para o impacto do pensamento patriarcal sobre laços entre o mesmo sexo. Muitas sentiam que as disputas de poder em seus relacionamentos não eram muito diferentes das que suas colegas heterossexuais e bissexuais enfrentavam. Tanto lésbicas quanto mulheres hétero estavam lendo e elogiando o livro de Norwood.

Eu tinha começado meu relacionamento com dezenove anos. E, apesar de nunca termos oficializado, eu acreditava que ficaríamos juntos "até que a morte nos separasse". Sair dessa relação parecia representar um risco de vida, mas permanecer nela também tinha começado a parecer um risco de vida. Eu saí quando entrei na meia-idade porque senti que ainda não tinha conhecido o amor verdadeiro. E não queria acabar como a minha mãe, permanecendo pelo resto da vida num relacionamento no qual me sentia profundamente desamada. Eu não era a única.

Dois anos depois do livro de Norwood, Shere Hite publicou seu volumoso relatório *As mulheres e o amor*. Trazendo um exame preciso e realista das atitudes das mulheres com relação ao amor, os dados da autora sugerem que, longe de amar "demais", a maioria das mulheres era cínica com relação ao amor. Ela relatou que a maioria esmagadora das mulheres em relacionamentos heterossexuais afirmava que não se sentia amada. Hite comentou: "Dada a suposição na nossa sociedade de que as pessoas crescem, se apaixonam e se casam, é surpreendente que poucas mulheres digam que estão 'apaixonadas' por seus maridos e o quão aceitável isso parece ser para elas". Na seção "Amar homens nessa época da história", ela documentou a realidade de que as mulheres envolvidas com homens sentiam ter abandonado a esperança de encontrar amor, aceitando, em vez disso, os prazeres e/ou benefícios do cuidado e do companheirismo. Em resumo, começaram a fazer o que Norwood tinha sugerido: renunciaram ao desejo de que os homens abraçassem o crescimento emocional e se tornassem mais amorosos. Reprimiram a vontade de encontrar amor. Negação e repressão tornavam a vida mais suportável e os relacionamentos mais satisfatórios.

No final dos anos 1980, muitas mulheres e homens sentiam que o movimento feminista tinha alcançado seus objetivos mais importantes. Avanços formidáveis em direção à liberdade e à igualdade social entre os gêneros tinham realmente acontecido. A vida profissional estava completamente transformada. As mulheres tinham se tornado uma força importante no mercado de trabalho e não havia como retornar à época em que a maioria das mulheres ficava em casa. A vida doméstica tinha sido alterada para sempre. Embora a igualdade no trabalho doméstico não tivesse sido alcançada, a maioria dos homens contribuía mais com os cuidados e a manutenção da casa do que no passado. O divórcio tinha se tornado totalmente aceitável, então inúmeras mulheres infelizes no casamento foram ou podiam ir embora. As mulheres pediam divórcio mais do que os homens, com frequência não por um desejo de separação, mas como uma reação de sobrevivência a um comportamento masculino abusivo ou agressivo. Cada vez mais mulheres estavam saindo do armário, demonstrando que relacionamentos lésbicos eram tão significativos quanto outros. Um grande grupo que tinha sido heterossexual pela maior parte da vida estava permitindo-se envolver exclusivamente com mulheres. E, conforme documentou Hite, as mulheres acima dos quarenta, muitas das quais tinham passado toda a vida adulta em casamentos ou laços afetivos com homens, relatavam encontrar um nível de alegria no relacionamento lésbico jamais alcançado num contexto heterossexual. Por fim, cada vez mais mulheres, independentemente de sua orientação sexual, estavam escolhendo viver sozinhas.

Após uma sequência de vitórias e triunfos, praticamente toda a discussão feminista sobre o significado do amor se interrompeu. Hite tinha aberto seu livro de revelações, *As mulheres e o amor*, com a declaração: "As mulheres estão enfrentando muita dor nos relacionamentos amorosos com os homens". Algumas páginas depois, na introdução, ela escreveu: "Eu sempre senti que o 'amor', talvez por ser considerado o centro, se não a totalidade da vida de uma mulher, é um negócio arriscado e para o qual as feministas deveriam dedicar bastante energia e inventividade". Isso era e continua a ser uma ideia poderosa. Profeticamente, Hite entendeu a necessidade de criar um *corpus* de pesquisas produzidas por pensadoras e pensadores feministas sobre o amor, capaz de oferecer novas percepções, bem como depoimentos concretos. Mas esse *corpus* não foi produzido.

Nosso constante anseio por amor não foi plenamente abordado, por medo de que nomeá-lo de alguma forma minaria a imagem de feminista poderosa e autorrealizada. Sem uma visão inspirada e duradoura de amor mútuo, nossa cultura revisita repetidas vezes velhas histórias. A negação nunca é o cenário para o empoderamento a longo prazo. Tragicamente, nosso silêncio sobre o amor fortalece o contra-ataque. No começo dos anos 1990, o mantra "O que o amor tem a ver com isso?"[6] tinha se tornado um refrão aceito. O entusiasmo com o amor

---

6. Referência à música "What's Love Got To do With It", de Tina Turner. [N.E]

devia ser mantido em segredo — jamais anunciado. Falar de desejos era arriscar-se a passar vergonha. Aquelas que conheciam o amor aproveitavam suas alegrias de modo privado, e aquelas que não o conheciam sofriam em silêncio. Nenhuma feminista declarava em voz alta que estava procurando por amor. Todas nós éramos incentivadas a agir como se o trabalho, a carreira e o dinheiro fossem mais importantes que o amor. Não havia espaço para que as mulheres falassem de decepções. Não podíamos dizer que o trabalho estava falhando em nos oferecer realização ou que não estávamos realizadas na vida íntima, privada. Temíamos falar sobre a ausência do amor. Em público, a maioria das mulheres agia como se o poder fosse mais importante que o amor. Essa inverdade precisava ser desmascarada para que recolocássemos o amor nos planos — e insistíssemos na necessidade de equilíbrio entre trabalho e amor.

05.
ganhar poder, perder amor

As feministas paramos de falar sobre o amor porque descobrimos que era mais difícil conseguir amor do que poder. Homens e mulheres patriarcais estavam mais dispostos a nos dar empregos, poder ou dinheiro do que nos dar amor. E muitas de nós queriam e precisavam de dinheiro. Bombardeadas por estatísticas que falavam de como a renda de uma mulher praticamente zerava quando ela abandonava o casamento com um homem, eu queria ter clareza quanto ao meu futuro financeiro antes de deixar meu companheiro de longa data. Ele era mais velho e mais estabelecido financeiramente. Os tradicionais mitos românticos sexistas sempre pintaram o homem mais velho e mais estabelecido como mais desejável. O feminismo apreendeu esses mitos e demonstrou de que modo eles não beneficiavam as mulheres. Tínhamos visto como um homem mais velho e estabelecido, mesmo o mais benevolente dos patriarcas, invariavelmente exercia poder sobre a mulher menos estabelecida e menos poderosa. Por exemplo: o feminismo incentivava as mulheres a não ser a enfermeira que sonha se casar com o médico, mas a se tornar a médica. E, então, se quisesse se casar com outro médico, tudo bem. Assim o poder seria igual.

No meu caso, eu tinha uma graduação e era parceira de um estudante mais velho de pós-graduação. Enquanto ele escrevia sua dissertação, eu trabalhava na companhia telefônica. A renda dele, entre bolsas e empréstimos, ainda era mais alta que a minha. Quando eu dava três aulas sem um diploma de doutorado, ganhava menos de um terço do que ele ganhava dando três aulas. Ele apoiava meu desejo de fazer pós-graduação, apesar de ambos sabermos que eu não era feita para a vida acadêmica. Eu não seguia as regras dos outros. Durante toda a minha vida tive problemas para obedecer a autoridades patriarcais. A academia, como todas as outras instituições, era e continua sendo dominada por homens. Enquanto meu parceiro era consistentemente incentivado por professores a acreditar no futuro brilhante a sua espera no meio acadêmico, eu ouvia que não tinha "a conduta adequada".

Apesar das diferenças em nossas circunstâncias acadêmicas, eu queria me sustentar. Como muitas mulheres que tinham sido ensinadas pelo feminismo a assumir a responsabilidade pela própria vida, eu acreditava plenamente que era minha responsabilidade pagar por todas as minhas despesas. Claro, unir a teoria à prática não era fácil. Em certo momento, eu estava fazendo horas extras para pagar a minha metade nas despesas da casa, e meu parceiro realmente sentia pena de mim. Eu precisava trabalhar muito mais que ele, e, depois de pagar minha parte, não sobrava nada. Ele, por outro lado, era tão bem remunerado que podia pagar a parte dele e ainda ter renda disponível para si. Ao longo do relacionamento, ele sempre se mostrou disposto a me oferecer apoio econômico. Nunca achou que eu "tinha" que trabalhar. Durante a maior parte da minha juventude, minha mãe não tinha trabalhado, e eu via como isso intensificava o controle exercido por nosso pai sobre a vida dela. Para ser franca, eu não confiava o bastante em homem algum para depender dele economicamente. Ainda assim, logo ficou claro que a igualdade não era factível, dada a diferença em nossos rendimentos.

Após anos de batalhas por causa de dinheiro, escolhemos organizar nossas finanças pelo princípio da equidade, e não da igualdade. "Equidade" significa simplesmente "algo que é justo". Observamos quanto tempo gastávamos para ganhar nossos salários e a diferença em nossas rendas. O resultado foi que ele contribuía com dois terços do valor das contas domésticas, e eu, um terço. Esse dinheiro cobria todas as despesas básicas. A renda restante dele ia para a conta dele, e a minha porção ia para a minha. Morávamos juntos havia mais de sete anos quando implementamos esse sistema. E, quando o aplicamos, todas as nossas brigas por dinheiro acabaram.

Anos depois, quando eu estava pronta para sair desse relacionamento, planejei minha saída tanto quanto algumas pessoas planejam deixar um emprego. Eu estava com medo e cautelosa porque já tinha saído de casa por um breve período e me deparado com a primeira grande dificuldade: encontrar onde morar. Hospedada com amigas feministas, em questão de semanas conheci muitas mulheres que tinham saído de relacionamentos longos para se livrar dos conflitos e da infelicidade e acabaram descobrindo que estavam despreparadas para a realidade de se sustentar sozinhas. Muitas delas nunca tinham prestado muita atenção a assuntos financeiros. Como sonâmbulas, saíam dos relacionamentos em transe e acordavam mais tarde com a consciência de que vivemos num universo material onde o dinheiro importa. Essas mulheres estavam amarguradas. Algumas estavam solteiras havia anos, mas continuavam cheias de raiva e hostilidade contra os ex-parceiros. Muitas tinham se ferrado em divórcios "sem culpa",[1] os quais as feministas apoiavam, percebendo tarde demais que mulheres em casamentos duradouros e que tinham ficado fora do mercado de trabalho iam sofrer financeiramente. Além de magoadas, pagavam o preço de se separar. Elas estavam destituídas. Trabalhavam muitas horas, mas mal ganhavam dinheiro suficiente para chegar ao fim do mês. Tinham dificuldade de encontrar moradia. A lista de reclamações era longa. E todas afirmavam com ênfase que o "patriarcado é ótimo". Escutando-as, percebi que não estava pronta nem emocionalmente nem financeiramente para ficar solteira.

Voltei para casa entendendo que a melhor coisa que podia fazer rumo à independência era terminar minha dissertação e procurar um emprego. Ironicamente, durante esse período, o relacionamento ficou harmonioso. Mas, quando concluí o mestrado e a busca por emprego começou, a vida ficou mais complicada. Quando por fim recebi uma oferta de emprego numa instituição de prestígio da Ivy League,[8] longe de casa, as discussões começaram. Meu parceiro não tinha certeza se queria pedir uma licença não remunerada de um ano para me acompanhar. Anteriormente, eu o tinha acompanhado a qualquer cidade em todo emprego que ele quisesse assumir. Quando ele demonstrou hesitação ao chegar minha vez, eu me senti traída. Dessa vez, decidi que ia mesmo embora.

1. *No fault divorce* é um tipo de divórcio de comum acordo no qual nenhuma das partes é considerada culpada pela separação e, portanto, não há previsão de compensações financeiras nem pagamento de pensão. [N.T.]
8. Grupo de oito universidades privadas de grande prestígio nos Estados Unidos. [N.T.]

Me recuperar emocionalmente da perda desse relacionamento levou muito mais tempo do que empreender meus esforços para conseguir autossuficiência financeira. Entretanto, se eu não tivesse lidado com as questões materiais de modo prático, poderia nunca ter me recuperado. Poderia estar atolada até hoje na amargura e na raiva em que muitas mulheres ficam presas quando deixam, na meia-idade, relacionamentos que duraram mais de dez anos. Muitos homens usam privilégios materiais como uma arma contra as mulheres quando elas querem romper a relação. Quanto mais longo o relacionamento, mais intenso o conflito sobre os recursos materiais compartilhados. Eu tive sorte. Meu parceiro e eu fomos equitativos e justos na nossa distribuição de recursos. Mesmo quando tivemos conflitos menores, eles foram resolvidos.

As mulheres que enfrentaram a necessidade de chegar à total independência financeira pela primeira vez na meia-idade não estavam necessariamente mais preocupadas com as finanças do que com o amor. Porém, era consideravelmente mais fácil para as mulheres abordar as preocupações com dinheiro do que os problemas amorosos. Não tínhamos uma linguagem para falar sobre o fato de que o amor não prevalecia nos nossos relacionamentos com homens. Entre nós, feministas, os homens que tínhamos amado diziam se importar com a injustiça. Muitos deles arriscaram a vida quando tiveram de lutar por questões raciais ou de exploração de classe e opressão. Verbalmente, haviam defendido nossa luta pelos direitos das mulheres. Entretanto, quando começamos a falar de revolução feminista, querendo muito mais que direitos iguais, e apresentamos a demanda por uma transformação cultural completa, que exigiria que as noções de masculinidade fossem alteradas e reconstruídas, na maioria das vezes esses homens não nos apoiaram de verdade. Para muitas de nós, esse fracasso de solidariedade era percebido de modo mais explícito e doloroso na intimidade. A recusa de nossos camaradas em mudar suas ideias sobre sexualidade — especialmente a socialização sexista condicionante, que os levava a acreditar que as mulheres existiam para satisfazer os desejos deles a qualquer momento — deixava claro que não estavam dispostos a renunciar a todos os privilégios concedidos a eles pelo patriarcado. A recusa em confrontar adequadamente os modos sexistas pelos quais a socialização lhes tinha negado acesso a crescimento emocional e espiritual era mais uma arena de traição.

Nossa mágoa vinha de encarar o fato de que, se os homens não estavam dispostos a abraçar a revolução feminista integralmente, então não chegariam a um lugar emocional em que poderiam nos oferecer amor. Não pode haver amor sem justiça. Se, em última análise, os homens progressistas não estavam dispostos a ser justos em seus relacionamentos com mulheres em todas as esferas, pública e privada, então o que eles estavam nos comunicando era a falta de uma genuína solidariedade política. Apenas algumas lésbicas separatistas ativas no movimento feminista tiveram a coragem de denunciar essa traição. Entretanto, suas críticas aos homens eram geralmente descartadas como mera rivalidade sexual e sedução (isto é, elas queriam todas as mulheres para si) ou descritas como mais um exemplo de misandria.

Feministas heterossexuais de coração partido não queriam assumir publicamente que os homens apoiavam direitos iguais para as mulheres em todos os âmbitos, menos o sexual.

Para assumir isso, teria sido necessário admitir que a conversão masculina ao pensamento e à prática feministas era algo necessário se quiséssemos ter uma revolução feminista realmente bem-sucedida. E as mulheres não estavam muito a fim de reconhecer publicamente como o feminismo tinha falhado em converter os homens ao pensamento e à prática feministas. Sem os homens como aliados, a completa transformação cultural feminista só poderia acontecer se as mulheres estivessem dispostas a sacrificar o desejo de se relacionar com eles. Se isso tivesse ocorrido, a recusa masculina a agir com consideração, reconhecimento e reciprocidade na arena sexual não teria importado.

Emocionalmente arrasadas diante do apego dos homens hétero à manutenção do poder sobre as mulheres na arena sexual, as feministas só queriam mudar de assunto. Não queríamos analisar por qual razão não tínhamos sido capazes de converter totalmente os homens ao pensamento e à prática feministas. Não queríamos reconhecer publicamente que as exigências feministas tinham sido corroídas, que muitas de nós estavam se dando por satisfeitas com igualdade e poder na esfera pública enquanto continuavam a se enquadrar em papéis sexistas de gênero em casa ou, mais importante, no quarto. Permitam-me reiterar que muitos homens que estavam dispostos a ser donos de casa, a cuidar dos filhos, a defender equidade salarial, a fazer uma parte ou até mesmo todas as tarefas domésticas não topavam mudar de maneira alguma seus hábitos sexuais.

De fato, a interseção da libertação das mulheres com a libertação sexual até tornou o feminismo mais atraente para os homens. A invenção e a produção em massa da pílula anticoncepcional podem ter libertado a sexualidade feminina, mas era o feminismo que libertava nossa mente. A luta feminista por agência sexual nos fazia sentir que estávamos envolvidas numa batalha revolucionária quando ousávamos satisfazer nosso desejo sexual. Tínhamos recebido permissão para fazer boquetes se quiséssemos, mas apenas se quiséssemos. Tínhamos recebido a opção de ser sexualmente livres sem medo de perder o respeito. E muitos homens hétero estavam mais que deslumbrados com um movimento que libertava todas as mulheres da prisão do medo sexual e/ou da frigidez.

Ao contrário dos mitos sexuais sobre garotas "inteligentes" projetados pelo imaginário pornográfico patriarcal, mulheres independentes se mostravam mais descontraídas nas práticas sexuais. Homens hétero estavam entusiasmados para encontrar feministas sexualmente liberadas que também pagavam metade da conta nos encontros. Conflitos e problemas começaram quando a feminista lasciva se propôs a exercer controle total sobre seu corpo e a dizer "não" quando bem entendia. A recusa das feministas em fazer da satisfação do desejo masculino o objetivo principal da libertação sexual feminina incomodava os homens. Quando exercíamos realmente nosso direito de dizer não, os homens que eram nossos aliados em outras batalhas temiam subitamente perder o acesso aberto e facilitado à satisfação sexual. Por exemplo: não existe sequer um ensaio escrito por um homem feminista que goste de sexo oral que nos diga como lida com a recusa de uma parceira de longa data de realizar felação. Talvez ela se recuse porque o adulto que abusou dela quando criança a forçava a colocar o pênis dele em sua boca. Talvez ela se recuse porque o adolescente com quem ela fez sexo oral pela primeira vez empurrou violentamente a cabeça dela contra o pênis dele e não permitiu que ela recuperasse o fôlego, a ponto de ela sentir que estava sendo estrangulada. Inúmeras situações poderiam explicar seu desconforto com o sexo oral, mas como o seu parceiro feminista valida a realidade dela enquanto lida com o fato de que ela não vai satisfazer o desejo dele?

Em contrapartida, feministas extremamente poderosas, em casamentos ou parcerias de longa data com homens menos poderosos que se recusam a fazer sexo com elas, não escrevem ensaios sobre isso. Em conversas privadas com outras mulheres, de vez em quando elas podem reconhecer como o retraimento sexual masculino regula o poder feminino ao torná-las carentes e emocionalmente vulneráveis, mas no geral elas não oferecem discursos públicos sobre o tema. A maioria das mulheres heterossexuais vai concordar que os homens com quem convivemos estão mais dispostos a adotar comportamentos comunicativos, recíprocos e cuidadosos fora do quarto quando se sentem satisfeitos dentro dele. Poucas mulheres feministas tiveram a coragem de falar sobre até que ponto conquistar poder e sucesso pode tê-las deixado com medo de perder seus parceiros e, portanto, mais dispostas a participar de atos eróticos que subordinam as mulheres aos homens na intimidade. E se a verdadeira descoberta da qual as feministas não podiam falar tiver sido a descoberta de que os homens não se importavam que fôssemos iguais a eles em tudo, inclusive no campo de batalha, desde que eles continuassem como nossos superiores — sempre no comando, sempre por cima — no quarto? E ninguém, ninguém mesmo, jamais fala sobre os homens casados com mulheres mais poderosas e financeiramente autossuficientes que compensam esses ganhos em direitos iguais recusando a elas atenção sexual. E se as mulheres hétero ativas no movimento feminista fossem apenas homofóbicas demais para admitir que as lésbicas que haviam questionado nossa contínua lealdade erótica aos homens tinham razão em perguntar se assegurávamos direitos iguais quando se tratava de interação sexual?

Para as mulheres, talvez seja mais fácil falar publicamente sobre sadomasoquismo, uma vez que acham difícil ou até tabu falar sobre amor, porque os homens consideram o primeiro assunto sexy e o outro, trivial. Nos anos 1990, tivemos poucos posicionamentos feministas perspicazes sobre o amor, ao mesmo tempo que tivemos todo tipo de fala pública sobre sadomasoquismo. Algumas autodeclaradas pensadoras feministas se uniram ao imaginário pornográfico patriarcal das mídias de massa para representar a ressurbordinação sexual das mulheres pelos homens como algo gracioso, divertido e inofensivo. Enquanto muitos dos direitos que as mulheres ganharam como consequência das lutas feministas estão sendo retirados (direitos reprodutivos; o direito de questionar a violência sexual no lar, nas ruas e no local de trabalho; o direito à equidade salarial, que nunca foi devidamente institucionalizado em todas as áreas de trabalho), somos bombardeadas com imagens sugerindo que a dominação sexual das mulheres pelos homens não ameaça em nada a autonomia ou a independência das mulheres. Na realidade, essa dominação masculina no âmbito da sexualidade (seja mantendo o controle por querer sexo demais ou nada de sexo) é um lembrete constante de que as mulheres não são livres, de que não alcançamos totalmente os direitos iguais ou a equidade.

Todas as mulheres que ganharam mais poder e dinheiro como resultado do movimento feminista e agora escolhem se dissociar das políticas feministas o fazem, em parte, para se dar bem com os homens. A maioria dos homens tem nos mostrado há tempos que não acham o feminismo sexy. Embora possam ficar animados ao encontrar uma mulher independente, a animação só perdura se eles aniquilarem e subordinarem o poder dela. Mulheres feministas e todas as outras pessoas dão mais atenção ao sexo do que ao amor porque, quando falamos de amor, temos que falar de perdas, de faltas, de nossos fracassos em exercer vontade e coragem. Não é fácil encarar que os homens, mesmo aqueles politicamente progressistas, talvez queiram ter poder sexual sobre as mulheres mais do que queiram nos amar. Destacando o próprio desespero para ser amada pelo homem mais importante da sua vida, Germaine Greer argumenta no livro de memórias *Daddy, We Hardly Knew You* [Papai, nós mal conhecíamos você] que as mulheres têm participação na farsa de que os homens patriarcais se importam com o bem-estar feminino. Audaz, ela afirma: "As mulheres estão sempre prontas para acreditar que os homens as amam, embora todas as aparências demonstrem o contrário". Embora capazes de entregar e compartilhar o poder público com as mulheres, muitos homens são incapazes de oferecer a entrega emocional necessária para dar amor.

Se as feministas tivessem continuado a falar de amor, teríamos de ter discutido a extrema falta de amor que está no cerne da dominação. Não teria sido possível continuar com nossas recém-adquiridas igualdade de direitos no que diz respeito a empregos, dinheiro e poder sem dizer a todo mundo que tínhamos descoberto que o patriarcado, como qualquer outro sistema colonizador, não cria o contexto para mulheres e homens se amarem. Teria sido necessário lembrarmos, repetidamente, que o amor genuíno entre mulheres e homens só poderia surgir num contexto em que os sexos se unissem para confrontar e transformar o pensamento patriarcal. Para continuar a falar de amor, teríamos de ter derrubado os muros da negação que nos seduz a ponto de aceitarmos subordinação e dominação como fatos naturais da vida cotidiana. Estaríamos falando, especialmente aos homens do nosso convívio, repetidas vezes, que dominação e amor não combinam — que se um está presente, o outro estará ausente. Não teríamos permitido que nossos pais, irmãos, amigos ou amantes continuassem a acreditar que eles nos amam quando estão nos machucando repetidas vezes. Os homens não machucam as mulheres apenas quando agem de modo violento e abusivo; eles nos machucam quando fracassam em proteger a nossa liberdade em todos os aspectos cotidianos.

Mulheres que chegaram à vida adulta na esteira do movimento feminista contemporâneo estão entre os grupos mais cínicos em relação ao amor e mais fascinados com o poder. Entre esses grupos de mulheres de vinte e muitos e trinta e poucos anos, estão mulheres que obtêm poder ao adquirir riqueza e fama sem precedentes. Essas mulheres sabem que é mais fácil adquirir recursos materiais do que encontrar amor. No epílogo de *Bitch* [Megera], Elizabeth Wurtzel lamenta: "Nenhuma de nós está se saindo melhor no amor: estamos é ficando com mais medo dele. De saída, já não nos ensinaram boas habilidades, e nossas escolhas tendem apenas a reforçar a noção de que não há esperança e tudo é inútil". Estamos de fato numa época em que mulheres e homens têm maior probabilidade de desejar poder do que amor. Todas nós podemos falar de nosso desejo por poder. Nosso desejo por amor deve ser mantido em segredo. Dar voz a esse desejo significa se colocar entre as fracas, as frágeis.

Não é surpresa, então, que as mulheres que anseiam conhecer o amor sintam com frequência que não têm escolha a não ser retornar ao entendimento convencional sobre relacionamentos e romance. Ainda que essa maneira de pensar fracasse, pelo menos sustenta a promessa e a possibilidade de realização. Neste momento, estamos rapidamente nos tornando uma nação onde ninguém valoriza o amor, onde as mulheres se abstêm das políticas do amor em nome das políticas do poder.

A contínua violência masculina contra as mulheres é uma comprovação pública diária do fracasso do movimento feminista em converter e mudar o coração dos homens. Ironicamente, vivemos numa cultura na qual o assédio verbal de um homem contra uma colega no trabalho pode se tornar um assunto global, debatido seguidas noites na televisão em todos os lugares, mas não podemos seriamente chamar a atenção de maneira contínua para as formas cotidianas de violência contra as mulheres dentro do lar, porque fazer isso estragaria a narrativa de amor que afirma que homens e mulheres vão viver felizes para sempre. O silêncio feminista sobre o amor reflete um lamento coletivo por nossa incapacidade de libertar todos os homens do domínio que o patriarcado exerce sobre a mente e o coração. Ele reflete nosso choque perante a traição masculina. Não foi tão difícil mostrar às mulheres como a inquebrável aliança com o pensamento patriarcal nos machuca, mas tem sido complicado inspirá-las a desistir dessa aliança, uma vez que ela provê o denominador comum que lhes permite conhecer e criar vínculos com os homens.

Mulheres e homens que ainda estão seduzidos pela dominação não podem conhecer o amor. Apesar disso, para onde quer que olhemos, nossa cultura nos diz que ainda podemos conhecer o amor mesmo no meio de um relacionamento carregado de dor e dominação coerciva. Chegou a hora de dizer a verdade. Mais uma vez. Não há amor sem justiça. Homens e mulheres que não conseguem ser justos negam a liberdade de conhecer o amor mútuo a si mesmos e a todos com quem escolhem ser íntimos. Se continuarmos incapazes de imaginar um mundo onde o amor possa ser reconhecido como um princípio unificador capaz de nos levar a buscar e usar o poder de modo sábio, então continuaremos amarrados a uma cultura de dominação que nos obriga a escolher mais o poder do que o amor. As mulheres procuraram poder e o encontraram.

Hoje em dia, a maioria das mulheres e dos homens reconhece que a igualdade de gênero é correta. Criamos uma cultura na qual as mulheres podem ser iguais aos homens patriarcais, na qual o poder em todas as suas formas é compartilhado entre os sexos, ainda que de modo desigual. Mas não criamos uma cultura de igualdade de gênero que encoraje mulheres e homens a procurar amor com o mesmo zelo e a mesma paixão que marcam nossa busca por sucesso e poder. Enquanto esse mundo não for criado, as mulheres podem conquistar mais e mais poder, mas vão se descobrir igualmente responsáveis pelo fomento de uma cultura de falta de amor, na qual todos perdem, e o amor não pode ser encontrado.

06.
mulheres que não conseguem amar

As mulheres não são inerentemente mais interessadas ou mais capazes de amar do que os homens. Desde a infância, aprendemos a nos encantar pelo amor. Quando os trâmites do amor passaram a ser identificados como trabalho das mulheres, fizemos jus ao chamado e o declaramos como assunto nosso. As mulheres se reúnem umas com as outras todos os dias e falam sobre amor. A busca por amor está no enredo dos mais populares filmes e programas de televisão protagonizados por mulheres. Começamos nossas conversas sobre amor na infância e prosseguimos até sermos idosas e estarmos perto da morte. Nossa obsessão é sancionada e sustentada pela cultura na qual vivemos.

O amor entrou de vez na vida das mulheres apenas no século XIX, quando o casamento passou a ser visto como mais do que um vínculo cujo objetivo principal era o compartilhamento de recursos e a criação de futuros trabalhadores. A colonização imperialista europeia de outras culturas tornou possível idealizar a submissão feminina. O crescimento do capitalismo permitiu que houvesse uma divisão entre casa e trabalho, privado e público. A tarefa das mulheres no âmbito privado era cultivar um lar harmonioso. No âmbito público, os homens podiam ser competitivos e grosseiros. O lar era o lugar onde essas paixões podiam ser domadas — onde o homem podia relaxar, já que era tarefa da mulher estabelecer um universo tranquilo e de cuidado. Essa imagem de lar levou à idealização da maternidade.

Como mães, esperava-se das mulheres uma preocupação inata com a manutenção da vida e com o suporte afetivo. Como protetores e provedores, os homens podiam tirar vidas (como faziam, em embates imperialistas) ou ser cruéis no trabalho. Afastando-se do ideal greco-romano clássico, que fazia do amor o domínio principal de homens em relacionamentos com homens, já que o afeto só poderia existir entre iguais, do foco em Deus como um pai benevolente ou de noções de amor romântico mútuo, novas histórias designaram o amor à esfera doméstica. Em *Uma história natural do amor*, Diane Ackerman descreve essa mudança:

> As mulheres deveriam ficar em casa e cuidar das crianças; os homens voltavam para casa depois do trabalho e passavam algum tempo com a esposa e os filhos. Todas as decisões importantes que afetavam a família eram tomadas pelo homem, o chefe de família, cujo lar, por mais modesto que fosse, era seu castelo. Quando o amor romântico penetrou os novos sonhos da classe média, ele se tornou domesticado, simplificado, organizado, desprovido de sexo.

A dependência financeira das mulheres com relação aos homens deveria ser regulada pela dependência emocional dos homens com relação às mulheres. Talvez ninguém tenha previsto que alguns misóginos, acreditando na superioridade natural dos homens, continuariam rigorosamente a construir uma contranarrativa segundo a qual ser sensível significava ser inferior. Em vez de coletivamente encontrarem prazer na dependência emocional, os homens começaram a desvalorizar o plano das emoções, o que significava, é claro, que não valorizavam o amor.

No imaginário masculino patriarcal, o assunto do amor era relegado aos fracos e substituído por narrativas de poder e dominação. Para os homens, satisfazer o desejo sexual se tornou mais importante do que a arte de amar. O sexo podia ter primazia sobre o amor porque era como o trabalho, um domínio em que era possível entrar em jogos de poder. Ao contrário do desejo por amor mútuo, que só poderia acontecer com envolvimento e esforço, a paixão sexual podia ser realizada facilmente. Conforme os homens deram as costas ao amor, o significado do amor foi obscurecido. Ideias que ressaltavam a alma gêmea, a devoção e os cuidados recíprocos foram suplantadas por uma ênfase no cuidado sacrificial e na manutenção do relacionamento. O amor se tornou um trabalho exclusivamente feminino.

Idealizadas como mães, as mulheres eram vistas como se ocupassem uma posição única para a tarefa do cuidado afetivo. O homem trabalhador do século xx não tinha tempo para concretizar um amor enraizado em tradições românticas, que exigia dedicação e comunicação. O tempo do homem não lhe pertencia. Era dever da esposa/mãe produzir esse amor por si mesma na fábrica do lar e oferecê-lo ao homem quando ele voltasse para casa. Debates sobre a disposição natural das mulheres a serem cuidadoras e, portanto, mais inclinadas à prática do amor do que seus pares masculinos ocorreram sistematicamente nos círculos feministas. Psicólogas como Jean Baker Miller e Carol Gilligan declararam que existem grandes diferenças entre os sexos, baseadas na maior capacidade da mulher de cuidar e criar uma conexão no relacionamento. No perspicaz estudo *Cantando a plenos pulmões: mulheres, amor e criatividade*, Claudia Bepko e Jo-Ann Krestan criticam esse posicionamento:

> Embora o trabalho de Gilligan e Miller tenha marcado um distanciamento das teorias vigentes, que viam a experiência das mulheres apenas à luz do desenvolvimento masculino e a consideravam inerentemente inferior, elas, no entanto, defenderam certos modos de pensamento que tendem a reforçar a noção de que homens e mulheres são "essencialmente" diferentes, e não que constroem experiências diferentes com base no que imagens fragmentadas os fazem pensar sobre si mesmos. Na visão delas, os homens são definidos pela necessidade de autonomia, e as mulheres, pela necessidade de apego. Sabemos, porém, que os homens almejam por intimidade tanto quanto as mulheres, e as mulheres almejam por autonomia tanto quanto os homens. Questões de relacionamento e conexão *versus* autonomia e diferenciação são mais culturalmente determinadas.

Em vez de serem inerentemente capazes de cuidar, as mulheres aprendem a cuidar ou a fingir que estão cuidando.

As meninas aprendem a ser "mães" imitando cuidadoras e nos jogos ritualísticos com bonecas. Meninos não são constantemente ensinados a cuidar. Em vez disso, eles em geral são socializados com agressividade para rejeitar cuidados e escolher a dominação. Jogos de guerra e todas as brincadeiras violentas de faz de conta ensinam os meninos que o papel deles é ceifar vidas quando necessário. A maioria aprende que, para ser verdadeiramente masculino, precisa ser capaz de ceifar vidas, não de dar vida e cuidar dela. Embora alguns homens participem mais da criação dos filhos porque o feminismo chamou a atenção para a importância e o valor dos cuidados masculinos, em geral eles não querem agir como pais. Em seu livro sobre a criação dos filhos, *The Mother Dance* [A dança da mãe], Harriet Lerner enfatiza que,

> quando cuidar de crianças for algo realmente valorizado, as mulheres que trabalham em casa estarão economicamente protegidas e os homens desejarão participar como parceiros iguais na criação. Do jeito que as coisas são agora, os homens que falam de maneira sentimental sobre a maternidade raramente se mexem para fazer ajustes na carreira a fim de ficar mais em casa com os filhos pequenos.

Ninguém acredita que os homens são inerentemente capazes de cuidar, mas esse estereótipo sexista continua a definir as percepções culturais sobre a identidade feminina.

É claro que basta analisar as espantosas estatísticas de maus-tratos infantis praticados por mulheres para ver provas concretas de que elas não são naturalmente mais inclinadas a cuidar. Mesmo aquelas que acreditam na ideia sexista de que são biologicamente destinadas a serem cuidadoras agem com violência em seus papéis maternos. As experiências vividas por mães representam a maior prova contrária às teorias que sugerem que as mulheres são o sexo mais gentil, mais suave, mais cuidadoso e mais moralmente ético. Apesar de todas as evidências em contrário, os homens patriarcais, junto de homens que alegam ser aliados feministas, se apropriaram da ênfase positiva de Gilligan nas diferenças entre os sexos.

O best-seller de John Gray, *Homens são de Marte, mulheres são de Vênus: um guia prático para melhorar a comunicação e conseguir o que você quer nos seus relacionamentos* explora a moda de agregar valor aos tipos supostamente diferentes de conhecimento das mulheres. Embora pareça defender a igualdade entre os sexos, ao longo de todo o trabalho John Gray reescreve e superestima justamente os estereótipos de diferença sexual que pesquisadoras e pesquisadores feministas se esforçaram tanto para refutar em seus estudos acadêmicos.

Como Gilligan, Gray evoca repetidas vezes uma imagem que sugere que as mulheres são, de modo inato, mais propensas a cultivar relacionamentos do que os homens. Mas ele não emprega essa tese para sugerir que um foco maior nos relacionamentos seria melhor para o autodesenvolvimento masculino; em vez disso, ele privilegia a abstinência emocional masculina. Basicamente, Gray aborda os problemas nas relações entre homens e mulheres como se o patriarcado não existisse e como se a dominação masculina não fosse real. No universo que ele evoca, os conflitos ou a infelicidade entre heterossexuais geralmente são apenas resultado de falhas de comunicação. Em seu livro sobre parentalidade, *Os filhos vêm do céu*, Gray relembra os leitores, em uma seção sobre "diferenças de gênero", que, "desde sempre, meninos serão meninos e meninas serão meninas". O pensamento sexista sobre a natureza dos papéis de homens e mulheres é reforçado nesse trabalho.

Nos escritos de Gray, a falta de interesse masculino por conexão emocional é sempre tratada como se fosse normal e natural. Entretanto, ele revela seu apoio subjacente ao patriarcado principalmente na maneira como transforma em virtude o retraimento masculino. O fato de que os homens usam o retraimento emocional como arma de terrorismo psicológico nunca é discutido. É culpa da mulher se ela não tem as habilidades para lidar com essa questão. Para socorrê-la, Gray dá as diretrizes de como adquirir essas habilidades. Por exemplo: diz às mulheres que, se não quiserem ser machucadas por um homem retraído que se recolhe numa caverna, não devem incomodá-lo com sua busca por conexão. Os livros dele são úteis na medida em que oferecem às mulheres estratégias de como viver em harmonia com homens sexistas.

Quando fui comprar um exemplar de *Homens são de Marte, mulheres são de Vênus*, eu o fiz porque aprecio todas as novas concepções que possam levar a um melhor entendimento entre mulheres e homens. Ironicamente, quando li o livro, achei as caracterizações das mulheres e do nosso jeito de ser tão distantes da vida real que as considerei ridiculamente engraçadas. Ainda assim, quando cheguei à parte sobre os homens, o comportamento descrito correspondia de fato ao dos homens sexistas que encontro nas ruas, no trabalho e em relacionamentos. As estratégias do autor para melhorar a comunicação entre os sexos com frequência funcionam, mas não desafiam nem alteram o sexismo. Tragicamente, o trabalho de Gray não convoca mulheres e homens a enxergar até que ponto é precisamente o pensamento patriarcal que cria as diferenças comportamentais entre mulheres e homens avaliadas por ele.

Gray não apenas romantiza e disfarça o sexismo masculino; ele age em conluio com o pensamento convencional ao pintar um retrato das mulheres que sugere que temos maior interesse inato em cuidar e dar suporte afetivo. Em seu universo, as mulheres não são violentas e abusivas com crianças. Os relacionamentos entre adultos e crianças não são discutidos por ele de forma a expor a realidade das dinâmicas de poder entre as mães e os filhos sobre os quais elas exercem controle autocrático. Fazer isso certamente colocaria em xeque a construção unidimensional que ele apresenta das mulheres como inerentemente cuidadoras ou desejosas de conexão.

Quase todos os homens liberais New Age que escrevem sobre relacionamentos abraçam a ideia de qualidades "essenciais" de homens e mulheres. Além disso, eles podem levantar a ideia da androginia, sugerindo que todo homem e toda mulher têm qualidades de ambos os sexos, e que é importante que mantenham o equilíbrio de poder bem ajustado a seus respectivos gêneros (ou seja, um homem não quer nutrir suas qualidades femininas para que não se sobreponham às masculinas). Em *Marte e Vênus juntos para sempre*, Gray adverte: "Se um homem muito masculino se torna mais feminino, ele está no caminho do equilíbrio. Mas se ele já está demais no seu lado feminino, empurrá-lo ainda mais nessa direção gera mais desequilíbrio". O universo de relacionamentos evocado em livros escritos por homens sob a influência da cultura New Age, com exceção do trabalho de John Bradshaw, raramente corresponde a uma perspectiva que nomeie o poder do patriarcado ou descreva sua ideologia. A insistência de que existe um mundo de diferenças sexuais natural e biologicamente fundamentadas está no cerne do pensamento patriarcal. Mulheres e homens progressistas não podem abraçar esse pensamento e perpetuá-lo sem manter uma aliança com o patriarcado.

O pensamento antipatriarcal reconhece a realidade de diferenças biológicas entre os gêneros, mas reconhece também que o condicionamento cultural se mostrou mais forte do que a anatomia — e que anatomia não é destino. A maioria das pensadoras feministas concordaria que uma mulher qualquer tem mais probabilidade de ser cuidadora do que seu par masculino. Essa socialização pode corresponder perfeitamente à realidade biológica de que uma criança no útero é nutrida pelo corpo da mãe. Ainda assim, há provas claras documentando o fato de que mulheres que passivamente nutriram um bebê no útero podem ser indiferentes às necessidades de um recém--nascido. A grande maioria das mães de primeira viagem não tem a menor ideia do que deve fazer. Grávidas conscienciosas tentam aprender antes do parto o que precisam fazer para cuidar de um recém-nascido.

Enquanto nossa cultura não derrubar os mitos e aceitar que as mulheres não têm uma capacidade inata de cuidar dos outros, prevalecerá a suposição de que as mulheres são mais capazes de amor que os homens. Mulheres sexistas têm a mesma probabilidade que seus pares masculinos, se não maior, de insistir que as mulheres são por natureza cuidadoras melhores. Na verdade, o suporte afetivo — a habilidade de cuidar do outro a fim de proporcionar a ele bem-estar — é um comportamento adquirido. Os homens aprendem tão bem quanto as mulheres. A cultura patriarcal é reforçada quando não se ensina aos homens os modos de cuidar e apoiar os outros. Uma das concepções mais pertinentes do pensamento feminista, e que já deveria ser senso comum a essa altura, é o reconhecimento de que homens adultos que foram criados de um modo saudável aprenderam, durante esse processo, a ser cuidadores. Homens que oferecem os principais cuidados a uma criança desde o nascimento são tão apegados a ela quanto as mulheres.

Em ampla medida, algumas mulheres apreciaram superar os homens na tarefa de prover suporte emocional, apesar de muitas serem feridas pela incapacidade masculina de cuidar. Elas se agarram com firmeza a estereótipos sexistas que retratam as mulheres como inerentemente melhores cuidadoras que os homens. Esse conluio com a cultura patriarcal dificulta a homens de todas as idades obter acesso às habilidades que lhes permitiriam melhorar seu desempenho nesse papel. Isso piora a crise dos gêneros. Quando os homens conseguem desempenhar as tarefas do cuidado tão bem quanto as mulheres, fica perfeitamente evidente que eles podem dar suporte afetivo tão bem quanto elas.

Uma ênfase exagerada na capacidade feminina de cuidar levou muitas pessoas a fazer do suporte afetivo um sinônimo de amor. Porém, a habilidade de cuidar, de dar apoio, é apenas um aspecto do amor. O inovador livro do psicanalista Erich Fromm, *A arte de amar*, definiu o amor como uma ação baseada em cuidado, respeito, conhecimento e responsabilidade. O cuidado sozinho não cria o amor. Várias e várias vezes, indivíduos dão provas de que as mulheres, especialmente aquelas que não estão totalmente autorrealizadas e só possuem a tarefa de cuidar dos outros, podem usar o suporte afetivo como um modo de tornar os recebedores do cuidado desnecessariamente dependentes. Algumas mulheres cuidam de maneira tão controladora, invadindo os limites das pessoas sob seus cuidados, que acabam mais por isolar e/ou violentar essas pessoas do que melhorar seu crescimento. O conceito de codependência surgiu da consciência desse perigo.

Condicionadas a aperfeiçoar as habilidades de suporte afetivo enquanto fracassam em cultivar agência em todas as outras áreas, as mulheres não têm maior probabilidade do que os homens de aprender a arte de amar. Certamente, quando se trata da arte de amar, um indivíduo que sabe cuidar está um passo à frente de outros que não tenham ideia de como fazer isso. Ao ler os livros nos quais John Gray ensina aos homens ou diz às mulheres como ensinar aos homens a manter uma conversa básica fazendo perguntas do tipo "Como foi seu dia?" ou "Como você está se sentindo?", eu poderia ser facilmente convencida de que as mulheres de Vênus são emocionalmente mais bem resolvidas do que os homens de Marte. Entretanto, eu preferiria habitar um paraíso terrestre onde os homens e as mulheres aprendessem ainda crianças a demonstrar cuidado com os outros.

É significativo que muitas cuidadoras criem sozinhas (ou com pouca participação do pai, seja ele presente ou ausente) meninos que não têm essas habilidades. Harriet Lerner enfatiza muitas vezes, em seu trabalho sobre criação de filhos, que "a noção de 'instinto maternal' como uma força impetuosa de todas as mulheres é uma fantasia". E essa fantasia providenciou o disfarce mais poderoso para o fracasso feminino em cuidar de crianças. Quando a mãe sabe como dar cuidados, como dar suporte afetivo, ela pode transmitir essas habilidades para meninas e meninos. Meu irmão era o único menino numa casa com seis irmãs. Ele aprendeu a se comunicar e a dar cuidados quando era uma criancinha, assimilando as mesmas lições que suas irmãs aprendiam. Entretanto, quando entrou na adolescência, aprendeu no mundo fora de casa, com colegas homens, que era mais masculino não cuidar dos outros. Por um breve período, ele entrou num estado de retraimento, de desconsideração pelos outros, especialmente por mulheres, e parou de se comunicar. Citando os livros de John Gray, podemos dizer que "ele entrou em sua caverna".

Nossa mãe tolerou esse comportamento por pouco tempo. Mas ainda consigo me lembrar do dia em que ele voltou de um treino de basquete e atravessou a sala aos pulos, passando por sua mãe e irmãs sem dizer uma palavra. Estava apressado para se trocar e ir jogar com amigos que o aguardavam. Mamãe esperou até ele chegar ao quarto e, quando ele estava prestes a sair correndo, ela o interrompeu e explicou como as ações dele demonstravam indiferença e falta de respeito. Ela pediu que ele rebobinasse a fita, saísse de novo, entrasse mais uma vez e reconhecesse com respeito e/ou cuidado — a depender dos seus sentimentos — a presença da mãe e das irmãs, o vínculo que ele compartilhava conosco. Socializado enquanto crescia para se comunicar e dar cuidados, meu irmão sabe dar suporte afetivo, assim como sabe que, na cultura patriarcal, homens cuidadores não são tão respeitados quanto homens que não oferecem apoio.

Embora as mulheres geralmente saibamos mais sobre cuidados que os homens porque essas habilidades nos são ensinadas desde a infância, não sabemos por instinto ou de modo inato como dar amor. Cuidado é um aspecto do amor, mas não é a mesma coisa. Acho fascinante que as mulheres geralmente sejamos socializadas para falar mais que os homens sobre nosso desejo por amor, até mesmo sobre nossa ânsia mais ávida de amar, sendo que não se estabelece uma conexão entre o cultivo desses sentimentos e o fato de que não nos ensinam a dar ou receber amor. O mesmo condicionamento patriarcal que ensina as mulheres a acreditar que somos cuidadoras inatas nos ensina que instintivamente saberemos como dar e receber amor. Fracassamos no amor tanto quanto os homens porque simplesmente não sabemos o que estamos fazendo.

As mulheres com frequência se interessam mais por ser amadas do que pelo ato de amar. Com muita frequência, a busca feminina por amor se resume a esse desejo, não a um desejo de saber amar. Até sermos capazes de reconhecer que as mulheres não conseguem amar porque não recebem mais educação do que nossos pares masculinos na arte de amar, não vamos encontrar o amor. Se, na cultura patriarcal, a obsessão feminina com o amor fosse ligada, desde o nascimento, à prática do amor, então as mulheres seriam especialistas na arte de amar. E, como consequência, uma vez que as mulheres assumem a maior parte da criação dos filhos, as crianças seriam mais amorosas. Se as mulheres fossem excelentes na arte de amar, essas habilidades seriam igualmente transmitidas a meninas e meninos.

Enquanto nossa cultura desvalorizar o amor, as mulheres não seremos mais capazes de amar do que nossos pares masculinos. Na cultura patriarcal, dar cuidados continua a ser visto como uma tarefa principalmente feminina. O movimento feminista não mudou essa percepção. E embora as mulheres, mais do que os homens, sejam frequentemente ótimas cuidadoras, isso não se traduz em saber como dar amor. O amor é uma combinação de cuidado, compromisso, conhecimento, responsabilidade, respeito e confiança. Socializadas na arte dos cuidados, é mais fácil para as mulheres que desejam amar aprender as habilidades necessárias para praticar o amor. Ainda assim, as mulheres não escolheram se entregar de corpo e alma à arte de amar. Enquanto ser amada/amado for visto como um gesto de fraqueza, que destitui de poder, as mulheres continuarão com medo de amar totalmente, profundamente, completamente. As mulheres continuarão a fracassar no amor porque esse fracasso as coloca em pé de igualdade com os homens que dão as costas ao amor. As mulheres que não conseguem amar não precisam se decepcionar com o fato de que os homens do seu convívio — pais, irmãos, amigos ou amantes — não dão amor. Mulheres que aprendem a amar representam a maior ameaça ao status quo patriarcal. Ao não amarem, as mulheres deixam claro que é mais vital para sua existência ter a aprovação e o apoio dos homens do que amar.

07.
escolher e aprender a amar

Antes de chegar aos quarenta anos, nunca sequer cogitei que meus relacionamentos não duravam porque eu não sabia o bastante sobre o amor. Afinal, eu tinha vivido com um parceiro por quinze anos — e isso parecia um longo período. Quando saí desse relacionamento, pensei que nosso fracasso em manter uma intimidade significativa se devia a falhas do meu parceiro, não minhas. Apesar de um escrutínio implacável mas construtivo dos problemas que tivemos e não conseguimos resolver, nunca me ocorreu me interrogar se eu tinha sido amorosa. Presumia que o amor estava dado. Nisso residiu meu engano. Meu conhecimento do amor não era profundo. Todos os modos filosóficos de pensar sobre o amor na minha vida tinham saído de livros. Levar a teoria para a prática era muito mais difícil do que apenas ler sobre o tema. E, como a maioria das mulheres, supus que era mais amorosa do que o homem ao meu lado.

Depois de muitos anos vivendo sozinha, comecei a pensar seriamente sobre minha relação com a intimidade. Até então, eu, assim como muitas mulheres em circunstâncias parecidas, sentia que os problemas nos meus relacionamentos eram causados pelo medo de intimidade da parte do meu parceiro. Embora eu não tenha tido muitos parceiros, não era difícil ver algumas linhas similares se desenhando nos padrões das minhas escolhas de relacionamentos. Escolhi homens quietos, reservados, discretos, solitários, com frequência emocionalmente indisponíveis e retraídos. Todos eram filhos de alcoólatras. Todos foram criados por mães solo de quem eram muito próximos. Em cada caso, a qualidade que eu mais gostava nesses relacionamentos era a disposição do homem para aceitar minha autonomia. Quando saí do meu relacionamento mais longo, com frequência brincava que tínhamos sido melhores em dar espaço um para o outro para desenvolver nossa individualidade do que em criar e manter os espaços de união.

Estar sozinha e celibatária me deu o espaço psíquico para me confrontar e examinar minha relação com a intimidade. Logo ficou óbvio que eu tinha escolhido parceiros que não estavam particularmente "a fim" de intimidade, porque então eu nunca precisava dar um voto de confiança, ter fé ou arriscar. Estar com homens que não tinham interesse em oferecer proximidade duradoura significava que eu nunca precisava ficar realmente íntima. Mas ainda podia ter uma imagem de mim mesma como uma mulher aberta e generosa que realmente desejava proximidade, às vezes me sentindo presunçosa porque me esforçava pelo "relacionamento". Esforçar-se para ter intimidade com alguém que não tem interesse em proximidade duradoura não apenas deprime o espírito como o torna um alvo perfeito para agressões. Como John Gray repete à exaustão em *Homens são de Marte, mulheres são de Vênus*, quando homens retraídos não querem ficar próximos, tome cuidado, porque eles provavelmente vão atacar se você for atrás deles em busca de interação íntima.

Muitas mulheres afetuosas e de coração aberto escolhem homens fechados e travados porque esperam poder oferecer um catalisador para que eles se abram. Nosso empreendimento geralmente fracassa, porque esses homens não firmaram um compromisso próprio com tornar-se mais abertos. Treinadas para cuidar e apoiar, as mulheres com frequência pensamos estar nos comportando como deveríamos — fazendo o que fomos socializadas para acreditar que é o trabalho de uma mulher. Podemos até viver a tensão constante entre esses dois sistemas de valores — um homem que escolheu evitar a intimidade e uma mulher que deseja a intimidade — como algo estimulante. É importante notar, porém, que esse esforço não recompensado nos impede de fazer o verdadeiro trabalho de construção da intimidade.

Sozinha comigo mesma, escolhi olhar atentamente para a minha relação com a intimidade. Descobri que, como muitas mulheres criativas que buscam ser bem-sucedidas numa carreira ou vocação, eu sentia, de fato, um profundo temor de criar um vínculo com um homem que demandasse uma proximidade que pudesse consumir tudo. Cresci num lar patriarcal em que minha mãe atendia a todos os caprichos do meu pai. Quando ela não estava suprindo as necessidades dele, estava suprindo as necessidades dos filhos. As necessidades dela raramente, talvez nunca, eram supridas. Nem tenho certeza se ela teria sido capaz de articular suas necessidades e seus desejos, pois fora muito bem treinada para acreditar que uma boa esposa e mãe não tem desejos além do bem-estar da família. Na maioria dos casamentos e relacionamentos que eu observava, as mulheres eram sempre as principais cuidadoras e a elas restava pouco tempo para o autodesenvolvimento.

Ao falar da própria vida, Jane Jervis, presidente da Evergreen State College, no discurso "Composing a Life: You Can Have It All but Not All at Once" [Compondo uma vida: você pode ter tudo, mas não tudo ao mesmo tempo], fala de crescer com uma mãe que incentivava os filhos a buscar educação superior, que deu o exemplo ao se diplomar em bioquímica na meia-idade. A princípio, Jane se recusou a seguir os passos da mãe, escolhendo ser a mulher casada à sombra do homem. Ela disse:

> Eu me lembro de ter trinta e poucos anos e fazer uma inspeção na despensa da minha vida... e sentir que nada ali era meu: todas as coisas na despensa da minha vida eram para outra pessoa. Holly gostava de sua salada de atum com aipo, sem cebola; Cindy gostava de cebola, sem aipo; Ken gostava de cebola e aipo — então eu sempre fazia três levas de salada de atum e, de repente, me dei conta que nem sabia do que é que eu gostava.

Seu desenvolvimento foi consideravelmente desviado no primeiro ano de faculdade, quando ela se apaixonou. O problema não era exatamente esse, mas ter caído num relacionamento/casamento no qual o crescimento e o desenvolvimento mútuos não eram o objetivo principal. Ainda há poucos modelos de relacionamentos heterossexuais nos quais o crescimento mútuo seja o princípio fundador do vínculo. Eu não tinha modelos de amor mútuo quando entrei na faculdade.

Estudando a vida de escritoras cujos trabalhos admirava, eu buscava orientações dessas mentoras literárias para que me guiassem na busca por amor. Devota da poesia de Sylvia Plath, ainda me lembro de uma vez chorar ao ler que ela levantava cedo para escrever seus poemas antes de os filhos acordarem. Às vésperas de me tornar adulta, chorei sabendo que ela não tinha sobrevivido ao esforço de equilibrar os múltiplos anseios que pautavam sua vida, os desejos de ser escritora, esposa, mãe. Sem modelos, eu estava insegura quanto a que caminho seguir. Queria ser escritora, mas também queria um relacionamento significativo. Com medo de ser engolida e consumida por relacionamentos, de me distrair do desenvolvimento das minhas habilidades artísticas e intelectuais, me sentia atraída por homens que apoiavam esse empenho e não eram emocionalmente exigentes. Percebi tarde demais que a falta de demandas emocionais estava ligada a uma falta de interesse em abertura emocional e crescimento pessoal. Talvez eles também tivessem medo de ser engolidos, só que, nesse caso, por terem sido criados por mães solo exigentes e superprotetoras, quiçá temessem que uma mulher exercesse controle demais sobre as escolhas e as ações deles.

Quando escolhemos parceiros que nos ajudam no crescimento que nos importa, é ainda mais difícil distinguir os padrões de comportamentos destrutivos quando estes aparecem. Já que a maioria de nós foi criada para pensar que o cuidado é o principal, se não o único, ingrediente do amor, temos facilidade em nos convencer de que estamos "apaixonadas". Muitas mulheres nunca receberam nenhum suporte afetivo de um homem e, como consequência, pode ser muito cativante receber cuidados, especialmente de um parceiro. Cada um dos meus parceiros apoiou meu trabalho intelectual e criativo de formas que ainda aprecio e valorizo, ainda que a falta de interação emocional madura tenha contribuído para retardar meu crescimento emocional.

Na posição de cuidadoras principais, as mulheres com frequência são arrogantes quando se trata de assuntos do coração. Acreditando no embuste do nosso condicionamento social sexista, que nos incentiva a presumir que sabemos amar —

como se desejo e ação fossem a mesma coisa —, podemos passar por incontáveis fracassos em relacionamentos antes de começarmos a pensar criticamente sobre a natureza do amor. Inúmeras mulheres compram livros cujo tema é o amor, como aqueles escritos por John Gray, Susan Jeffers, Barbara de Angelis, Pat Love e outros gurus da autoajuda. Fazemos isso porque queremos entender como fazer um relacionamento heterossexual dar certo. O fato de que esses livros vendem milhões de exemplares não é prova de seu valor; eles são o principal veículo para uma discussão prática sobre os relacionamentos íntimos que temos em nossa cultura. É importante notar que a maioria deles oferece estratégias para melhorar os relacionamentos sem abordar a questão do amor. Fazer um relacionamento "dar certo" não é o mesmo que "cultivar o amor".

Um dos melhores livros sobre o tema é *A criação do amor: a grande etapa do crescimento*, de John Bradshaw, publicado originalmente em 1992. Bradshaw, mais conhecido por seu trabalho em reaver a criança interior ferida, evita nesse livro os usuais conselhos de autoajuda sobre o amor, porque ousa discutir corajosamente o impacto do pensamento patriarcal em nossos modos de compreendê-lo. Esse trabalho não teve o impacto incrível sobre a cultura contemporânea que o anterior tivera. Os leitores compraram, mas não estavam dispostos a superar a negação das maneiras como o patriarcado nos impede de conhecer o amor. Esse livro era desafiador porque não incentivava as mulheres a se verem como mais capazes de amar do que os homens, nem fingia que o fracasso masculino em amar era de alguma forma culpa de mulheres exigentes.

Bradshaw não caía na popular conversa fiada sobre diferenças sexuais complementares, que se tornou a norma corrente nos trabalhos de autoajuda. Em vez disso, insistia para que as mulheres e os homens reconhecessem até que ponto, "mesmo com as melhores intenções, nossos pais com frequência confundiam amor com o que hoje chamaríamos de abuso doméstico", transmitindo uma noção confusa sobre o que significa amar. Ligando esse abuso à aceitação cultural da dominação patriarcal como narrativa fundadora, ele ilumina o aumento de narrativas que colocam o poder acima do amor em nossa cultura e em nossas famílias.

Todos nós sabemos que nem todo mundo vem de um contexto familiar abusivo, e sabemos que quase todos nós somos criados em lares que valorizam e defendem o pensamento patriarcal. Quando as mulheres aprendemos a acreditar que somos mais capazes de dar amor do que nossos pares masculinos, estamos abraçando suposições patriarcais. Essas suposições moldam a forma como pensamos e agimos em relacionamentos íntimos. Mulheres que se envolvem com homens e acreditam que são mais capazes de amar estão predispostas a aceitar o retraimento emocional masculino. Elas já esperam que os homens sejam deficitários. Isso não significa que não esperam que o homem com quem se relacionam aprenda a ser mais generoso emocionalmente; elas esperam. A ironia trágica aqui é que o pensamento patriarcal socializou os homens para acreditar que a masculinidade é afirmada quando eles retraem emoções. O condicionamento social cria diferenças entre os sexos as quais somos incentivados a ver como "naturais" e, simultaneamente, estabelece as bases para o conflito.

Nada denuncia mais a aliança feminina com o patriarcado do que a disposição para se comportar como se os problemas criados pelo investimento cultural no pensamento sexista sobre a natureza dos papéis masculinos e femininos pudessem ser resolvidos se as mulheres se esforçassem mais. Mulheres que se agarram à ideia de que os homens iriam alegremente aprender a ser mais atenciosos se elas apenas mudassem o próprio comportamento vivem em negação. Tal negação fortalece o patriarcado e não cria um universo onde mulheres e homens possam amar uns aos outros. O pensamento antipatriarcal, que pressupõe que tanto mulheres quanto homens são igualmente capazes de aprender a amar, a dar e receber amor, é a única base sobre a qual se pode construir amor mútuo duradouro e significativo.

Em última análise, as mulheres que desejam ser amorosas e/ou formar parcerias amorosas com homens devem estar dispostas a desaprender o condicionamento sexista. E vice-versa. Apenas quando pensarmos o amor com um respeito básico pelo universo emocional dos homens, seremos capazes de reconhecer aqueles homens que simplesmente não estão prontos para amar e ser amados. Em seu trabalho originalmente feminista *Life Preservers* [Coletes salva-vidas], a psicoterapeuta Harriet Lerner nos lembra de que "é quase impossível imaginar como seriam os relacionamentos íntimos com homens — ou mulheres — em um mundo diferente com verdadeira igualdade de gênero". Por ser tão difícil para as mulheres evocar uma imagem, é ainda mais importante que comecemos com um entendimento concreto do que é o amor e de quais são as barreiras ao amor que já existem em nossa sociedade.

Houve um tempo em que, de modo arrogante e ingênuo, eu pensava que as mulheres eram mais amorosas que os homens. Pensava assim porque éramos o grupo que eu mais escutava falando sobre o amor, procurando por ele e festejando-o quando o encontrávamos. Também éramos o grupo que mais falava sobre decepções amorosas. Quando se tratava de amor e relacionamentos heterossexuais, estávamos convencidas de que os homens eram o problema. Os inebriantes e divertidos anos do feminismo contemporâneo apenas reforçavam a ideia de que as mulheres eram superiores aos homens quando se tratava do universo emocional. Então, a maioria das mulheres acreditávamos ser melhores amantes porque tínhamos sido treinadas para ser cuidadoras — para dar apoio emocional.

Embora inúmeras de nós tivéssemos sido criadas por mulheres tirânicas, codependentes e imaturas, muitas das quais eram às vezes violentas e abusivas — geralmente por meio de constrangimento verbal e humilhações —, a maioria ainda estava amarrada à imagem da mulher como um ser puramente guiado pelos sentimentos. No meu segundo livro, *Teoria feminista: da margem ao centro*, publicado originalmente nos anos 1980, incluí um capítulo questionando a suposição de que as mulheres são menos violentas do que os homens e mais aptas a cuidar, chamando a atenção para os maus-tratos em crianças praticados por adultas. Apontei que é precisamente o fato de muitas de nossas mães serem simultaneamente abusivas e cuidadoras que nos leva a idealizá-las e minimizar as implicações traumáticas de seu comportamento. Os pais que são essencialmente abusivos, verbal ou fisicamente, não costumam cuidar com regularidade e raramente são idealizados. As mães mártires sacrificiais quase sempre dão cuidados duradouros, mesmo quando também misturam esse cuidado com comportamento dominador coercivo. De fato, na maioria das vezes, o sadismo materno pode ser a doutrinação precoce que leva as mulheres a confundir terrorismo íntimo sadomasoquista com amor. Com frequência, as humilhações e os constrangimentos verbais que os homens adultos patriarcais dirigem às parceiras refletem e reencenam as formas familiares de agressão que as mulheres experimentaram com mães patriarcais dominadoras e punitivas.

Por muitos anos, idealizei e idolatrei minha mãe, vendo-a como a vítima de um homem sexista patriarcal. Assim que me converti conscientemente ao pensamento feminista, idealizei-a ainda mais. Levou um tempo para enxergar como ela realmente era, para reconhecer a via de mão dupla em que ela era vitimizada por um homem mais poderoso e em que participava dessa vitimização porque também acreditava no patriarcado. Sua contínua aceitação do pensamento patriarcal, mesmo quando havia um novo jeito de ver e fazer as coisas, me ajudou a enxergar que minha mãe tinha agência e fez escolhas. Me ajudou a enxergar que, às vezes, ela era coerciva e cruel com os filhos sobre os quais tinha poder — que papai não podia ser culpado pelas ações dela. Era mamãe, não papai, que tratava todas as meninas com desprezo se não personificássemos seu ideal feminino, suas crenças sobre beleza. Ela determinava os padrões, definia os parâmetros pelos quais seríamos punidas se não estivéssemos à altura. Nancy Friday documenta o sadismo materno em seu pertinente trabalho *The Power of Beauty* [O poder da beleza], enfatizando nossa negação desesperada e a recusa em desmascarar a idealização da feminilidade, especialmente quando se trata da relação entre mãe e filha. Friday afirma: "Enquanto as meninas não forem criadas, desde o princípio, para sentir que há grandes recompensas por se tornar um ser único, alguém que é filha de sua mãe, mas não seu clone, vamos atravessar a vida buscando a aprovação de outras mulheres, temendo a desaprovação delas". O sadismo materno, seus impactos na autoestima feminina e seus modos de inibir a capacidade das mulheres de conhecer o amor permanecem sendo assuntos tabu. O patriarcado culpou as mães por tanta coisa e por tanto tempo que ainda é difícil criticá-las sem reforçar estereótipos negativos.

Nossa idealização cultural das mulheres como cuidadoras é muito poderosa. É de fato um dos poucos traços positivos designados às mulheres pelo patriarcado. Portanto, não é surpreendente que as mulheres relutem, e às vezes se recusem totalmente, a contestar a ideia de que somos inerentemente mais amorosas. Se essa é a única característica positiva que as mulheres têm direito a reivindicar, o único traço que nos faz ser vistas como moralmente superiores aos homens, a maioria de nós vai continuar profundamente dedicada a se agarrar à percepção de que somos amorosas, mesmo quando sabemos que não somos. Não tenho nenhuma dúvida de que é mais fácil para mulheres de qualquer idade aprender a arte de amar do que é para seus pares masculinos. É mais fácil porque nosso interesse pelo amor não é questionado. Se qualquer mulher dedica tempo e escolhe aprender o que é o amor, recebemos mais apoio nessa empreitada do que os homens. Na maioria das vezes, a suposição de que as mulheres naturalmente amam mais e melhor do que os homens nos impede de encarar nossos problemas relativos a amor e intimidade. É por isso que muitas de nós só começam a aprender o que é o amor de verdade na meia-idade.

É incrível imaginar como nossa cultura e o significado do amor poderiam ter sido alterados se, em vez de livros como *Mulheres que amam demais* e *Homens são de Marte, mulheres são de Vênus*, estivéssemos lendo sobre mulheres que amam bem e por quê. Em vez de ler mais livros que culpam as mulheres fingindo ser autoajuda, colocaríamos coração e mente no que realmente importa. E o que importa é que as mulheres encarem a realidade, sem mentiras nem falsas aparências. Qual mulher não enxerga a verdade no lembrete de Lerner de que, enquanto mulheres (hétero ou lésbicas) à procura de amor, "poucas de nós avaliam uma parceria em potencial com a mesma objetividade e clareza empregada para selecionar um aparelho doméstico ou um carro"? Se as mulheres fossem treinadas na arte de amar, as coisas não seriam assim.

Simultaneamente, já que as mulheres criam mais os filhos do que os homens e, apesar das mudanças feministas, continuam sendo as cuidadoras principais, precisamos investigar qual é a correlação entre esse papel e o que nós de fato ensinamos às crianças sobre o amor. As mães ensinam valores às crianças ou esse trabalho é feito pela escola, pela televisão e afins? Com certeza, se as mulheres valorizam tanto o amor, as crianças, tanto meninos quanto meninas, deveriam aprender o valor de amar. No geral, as mulheres não se veem como as guardiãs da ética e dos valores. Embora muitas mulheres desejem ardentemente amar e ser amadas, a maioria de nós, como o restante da cultura, vê esse desejo como indigno de receber atenção e consideração a sério.

As mulheres, mais que os homens, gastam uma enorme quantia de dinheiro para aprender mais sobre a natureza da intimidade, para aprender formas de fazer os relacionamentos darem certo. Ainda assim, não construímos escolas de amor, nenhum centro de estudos que nos ajude a entender melhor o amor, nem criamos um *corpus* significativo de obras diversas e esclarecedoras sobre o assunto. Chegou a hora de as mulheres que são genuína e fervorosamente interessadas no amor insistirem para que o amor seja valorizado na nossa cultura.

A insistência deve originar-se concretamente da disposição para reconhecer nosso papel histórico na desvalorização do amor. Deve ser fundamentada na recusa absoluta de estereótipos sexistas que afirmam falsamente que as mulheres são inerentemente mais amorosas que os homens e na disposição para fazer o trabalho do amor, não importa quão difícil seja, não importa o sacrifício.

Quando Jane Jervis entrou em grupos de conscientização, ela começou "a perceber que tinha o direito de saber como eu gostava do meu atum e de comê-lo assim, e que, se quisesse comer atum do jeito que eu gostava, eu provavelmente teria de prepará-lo eu mesma". Ela entrou na pós-graduação com 34 anos como uma mãe divorciada (segundo ela, "ele não ficou feliz com os meus novos entusiasmos") e conseguiu o título de doutorado aos quarenta. E adivinha? Ela se encontrou e, por estar emocionalmente pronta, também encontrou o amor mútuo. Não vamos nos enganar: encontramos amor mútuo apenas quando sabemos amar. E o melhor jeito de começar a praticar a arte de amar é consigo mesma — o corpo, a mente, o coração e a alma que mais podemos conhecer e mudar.

A única pessoa que nunca vai nos deixar, que nunca vamos perder, somos nós mesmas. Aprender a amar nosso eu feminino é o ponto de partida para nossa busca por amor. Começamos essa jornada analisando as ideias e as crenças que cultivamos sobre a natureza da intimidade e do amor verdadeiro. Em vez de abraçar ideias falhas que nos incentivam a acreditar que as mulheres são inerentemente amorosas, escolhemos nos tornar amorosas. Ao escolher o amor, afirmamos nossa agência, nosso compromisso com o crescimento pessoal, nossa abertura emocional.

08.
crescer num corpo de mulher e amá-lo

Qualquer mulher ávida por aprender a arte de amar pode começar, como dizem os mestres budistas, "exatamente onde você está", amando a si mesma. Nada desmente mais a suposição de que as mulheres são mais amorosas do que os homens do que os sentimentos negativos que a maioria de nós nutre pelo próprio corpo. Seria possível argumentar facilmente que, quando se trata de aprender o amor-próprio, os homens estão indo na direção certa mais rápido do que as mulheres, porque muitos aceitam e gostam incondicionalmente do corpo que habitam. Vamos encarar os fatos: como cultura, estamos muito mais dispostos a afirmar o aspecto físico masculino ou a relegá-lo a seu devido lugar quando determinamos o valor geral de um homem.

As mulheres facilmente promovem uma separação entre mente e corpo que nos permite cultivar a falsa suposição de que podemos odiar nosso corpo e, ainda assim, sermos amorosas. Não só abraçamos essa falsa lógica como também a cultura nos deixa seguir acreditando que podemos odiar nosso corpo e ainda sermos vistas como o grupo mais capaz de ensinar aos outros sobre o amor. Ou, melhor ainda, que podemos odiar nosso corpo e manifestar autoestima positiva. De vez em quando, uma mãe me aborda para falar sobre o ódio que sua filha jovem sente de si mesma, querendo saber o que fazer. Quando começo a questionar a mãe sobre como ela se sente com relação a *si mesma*, *seu* corpo, *sua* pessoa, percebo sua agitação e seu desejo de sair correndo. Muitas mães querem acreditar que, se elas simplesmente colocarem os quadros certos na parede, comprarem os livros e as roupas certas e disserem coisas positivas, suas filhas vão se sentir bem consigo mesmas.

Não aprendemos apenas com o que mães e pais nos dizem, aprendemos com o que fazem. A mãe que assegura à filha que ela está bem "exatamente como ela é", mas depois se deprecia ou deprecia outras mulheres, não está estabelecendo as bases para uma autoestima corporal saudável. Pais que se afligem com filhas jovens muito obcecadas por permanecer ou se tornar magras, dizendo a elas que tudo que importa é ser saudável, mas, ao mesmo tempo, atormentam a parceira para que perca peso e avaliam outras mulheres com base no peso, estão na verdade promovendo o autodesprezo feminino. Suas filhas não se deixam enganar; elas entendem o recado de que ser magra vai determinar seu valor, que será um determinante crucial para serem ou não amadas.

Em seu incrível livro de memórias, *Appetites* [Apetites], Geneen Roth confessa: "Ser magra era o passe de mágica que deveria curar as feridas no meu âmago, as feridas simbolizadas pela gordura. Se eu perdesse peso, perderia o âmago ferido". Roth tem uma compreensão íntima da conexão entre a busca das mulheres por amor e nossa obsessão com a magreza. Ela diz:

> Nossa fantasia sobre o que vai acontecer quando virarmos a esquina e encontrarmos o amor, o respeito, a visibilidade e a abundância que nos escaparam a vida inteira é a versão adulta do desejo

infantil de ser visto e amado. Na infância, quando entendemos que não vamos receber esse amor, inventamos histórias, criamos uma vida de fantasia, tentamos ser outra pessoa. E, quando acreditamos que o amor vai estar à espera virando a esquina e que, para isso, basta conseguirmos nos transformar em uma pessoa diferente, passamos a vida tentando virar essa esquina.

Esse é o funcionamento do auto-ódio. O amor-próprio feminino começa com autoaceitação.

Mulheres empenhadas em criar filhas dentro de famílias em que os corpos femininos são incondicionalmente aceitos, validados e admirados podem fornecer os melhores depoimentos sobre como é excessivo o bombardeio constante de mensagens na mídia de massa que visam ensinar as meninas a odiar sua própria presença física. A desvalorização cultural geral do corpo feminino afeta a autoestima de todas as garotas, mesmo daquelas criadas em lares amorosos. Uma vigilância constante é necessária para proteger a autoestima corporal feminina.

Mulheres adultas criadas para odiar o próprio corpo podem mudar de mentalidade. E podem fazer isso com qualquer idade. Podem começar o trabalho de se tornar amorosas consigo mesmas ao reivindicar o direito de habitar um corpo saudável e de identificar isso como a base da beleza e da atratividade. Essa é uma daquelas revoluções culturais que podem acontecer se apenas dissermos não. Devemos dizer "não" para um mundo que afirma que somos unicamente definidas por nosso corpo físico, que o corpo das mulheres é inadequado, incompleto, que não é bom o bastante. Dizer não para qualquer desvalorização e rebaixamento do corpo feminino é uma prática amorosa.

A verdade é que não é difícil nem impossível dizer "não" para a obsessão cultural com a beleza feminina como artifício, como algo que uma mulher adquire ao comprar a roupa certa ou o mais novo produto, mas a maioria das mulheres não tem o desejo de dizer não ao artifício. Como ouvimos o tempo todo das mídias de massa que o ódio ao nosso corpo não nos torna menos desejáveis, mais inclinadas à depressão ou outras doenças potencialmente fatais, ou menos propensas a encontrar o amor, não existe uma rebelião coletiva em andamento. Um dos aspectos mais vitais do feminismo contemporâneo era a exigência de que as mulheres se revoltassem contra padrões de beleza que as obrigam a abraçar hábitos de vida potencialmente fatais. Tristemente, embora esse foco no ódio corporal feminino tenha colocado os transtornos alimentares nos holofotes, seu impacto foi reduzido conforme cada vez mais mulheres poderosas, sobretudo aquelas outrora defensoras de políticas feministas, continuaram a abraçar os padrões de beleza convencionais que desprezam as mulheres — o principal deles sendo a perda de peso e a ênfase na magreza. Muitas mulheres que só conhecem a teoria e a prática feministas pelo que circula nas mídias de massa ingenuamente pressupõem que as feministas eram veementemente contrárias à ideia de que as mulheres deveriam ter boa aparência e gostar de adornos. Na verdade, o chamado feminista era para que as mulheres abraçassem modos de se adornar e de ver a beleza que fossem saudáveis, afirmativos e não consumissem tempo demais.

Essa revolta fracassou em mudar as atitudes e os hábitos das mulheres em geral. Seu impacto mais positivo sobre a indústria da moda foi percebido na exigência de que os estilistas criassem sapatos bonitos e confortáveis, para todas as ocasiões, que não machucassem nem deformassem os pés das mulheres. Essa revolução da moda funcionou. Sapatos de salto alto, o icônico salto agulha, estão sem dúvida voltando, mas as mulheres em geral exercem seu direito de comprar sapatos que sejam ao mesmo tempo confortáveis e glamorosos. Apesar do movimento feminista, muitas mulheres ainda sentem que não é feminino ter pés grandes. A maioria das mulheres compra sapatos num tamanho menor. Elas caminham sentindo dor. Ou não caminham. Elas não conseguem amar seus pés. Mas nossos pés nos firmam sobre a Terra, e o bem-estar deles é a base sobre a qual devemos nos erguer para chegar ao amor-próprio. No começo do movimento feminista, chamamos a atenção para os pés das mulheres e para os sapatos feitos por estilistas que, em sua maioria, nunca caminhariam um centímetro, que dirá um quilômetro, em sapatos femininos. As mulheres precisam se lembrar da importância de cuidar do bem-estar dos pés.

Sabemos menos sobre as pessoas que desenham sapatos do que sobre as pessoas que desenham roupas. A maioria das roupas femininas ainda é desenhada por homens fascinados por peças de vestuário que de modo algum atendem às necessidades de mulheres reais nem expressam nossas fantasias. Mulheres sexistas ainda estão dispostas a deixar homens ainda mais sexistas moldarem suas fantasias e as colocarem em trajes ridículos. Programas de televisão como *Sex and the City* retratam jovens profissionais vestindo roupas hiperfeminilizadas e ousadas. Essas jovens, supostamente poderosas, se produzem com saltos agulha, decotes profundos e roupas justas. Infelizmente, essas imagens viram tendência. Pelo lado positivo, algumas revistas de moda agora exibem uma mistura de estilos. Roupas úteis, mas elegantes e bonitas, são retratadas ao lado de roupas nada práticas, histericamente glamorosas, que às vezes beiram o ridículo. O importante é que agora as mulheres têm escolha. Quanto mais amor-próprio tivermos, mais poderemos fazer escolhas que realcem o corpo, a individualidade e a originalidade.

Uma vez que a revolução feminista que pretendia nos dar o direito de incondicionalmente validar, aceitar e admirar o corpo feminino não perdurou, retomar esse projeto é crucial se quisermos criar um alicerce cultural significativo para que as mulheres possam aprender a amar o próprio corpo. Precisamos de uma revolução feminista dentro da qual existam novas e empolgantes revistas de moda oferecendo imagens glamorosas de mulheres com ótimo estilo, bom gosto e corpos saudáveis. Um exemplo já existente é a *Mode*,[9] que reafirma a beleza maravilhosa e sensual de corpos femininos grandes, atraentes e saudáveis. Lamentar a prevalência de transtornos alimentares, expondo constantemente o horror, não ajuda muito a mudar o jeito como a grande maioria das mulheres pensa sobre a beleza. Mulheres que diariamente fazem dieta, passam fome ou gastam metade da vida em academias de ginástica para manter o corpo magro denunciam os transtornos alimentares. As contradições são evidentes e repulsivas. Quando as principais pensadoras feministas dizem a meninas e mulheres que devemos enxergar nosso corpo como sendo nós mesmas e amá-lo, mas mostram que elas próprias rezam no altar da magreza ao se recusarem a

9. Revista de moda feminina que circulou nos Estados Unidos de 1997 a 2001 e que tinha como foco mulheres *plus size*. [N.E.]

comer, vivendo de dieta, as ações delas falam mais alto que suas palavras.

Não podemos culpar os homens pela obsessão feminina com a magreza nem pelo ódio ao corpo feminino. Na maioria das vezes, as mulheres são as fascistas do corpo que vigiam a si mesmas e a outras mulheres com uma crueldade brutal sem limites. Bem antes de muitas de nós folhearmos uma revista de moda ou nos importarmos com o olhar masculino, o julgamento duro e brutal de nosso corpo já tinha começado em nossa família. Esses crimes contra a imagem do corpo feminino são geralmente perpetrados por mães, avós, irmãs e outras parentes. Apesar do poder patriarcal, na minha casa, meu pai raramente comentava a aparência de qualquer de suas seis filhas. Era nossa própria mãe quem determinava a aparência que deveríamos ter, que nos censurava se nossa aparência não alcançasse quaisquer padrões que ela quisesse invocar no momento. Ela sentia que nossa aparência era um reflexo de seu próprio valor. Se não estivéssemos bem, ela também não estava.

Não temos pesquisas suficientes sobre mulheres que criam filhas. Se as mulheres são socializadas dentro do patriarcado para ver outras mulheres como potenciais ameaças, como competidoras, então temos de reconsiderar de que maneiras esse pensamento molda e explica os vínculos entre mãe e filha. Pesquisas indicam que meninas se sentem poderosas e apreciam seu corpo até a chegada da puberdade. Nesse momento, começa a ocorrer um processo de doutrinação por meio do qual elas aprendem a sentir medo de sua carne, a pensar que ela deve ser alterada de alguma forma a fim de se tornar aceitável ou desejável. As pressões vindas da mídia de massa e de colegas não são os únicos agentes dessa doutrinação; mães e pais desempenham um papel. Dado o teor homofóbico e de ódio aos gays da nossa cultura, muitos pais e mães sentem que têm a responsabilidade de incitar o corpo feminino jovem, vigoroso e desavergonhado a se enquadrar em estereótipos sexistas de feminilidade. Em conluio com a ampla cultura patriarcal, mães e pais, sobretudo as mães que temem depois ser identificadas como culpadas, podem considerar importante incentivar as meninas a se interessarem pelos modos convencionais de produzir beleza.

Em alguma medida, esse foco na beleza exterior tenta disfarçar as mudanças interiores que ocorrem no corpo feminino adolescente. Na cultura patriarcal, essas mudanças são frequentemente terreno fértil para o autodesprezo. Garotas que talvez tenham gostado de si mesmas quando mais novas entram na adolescência com um profundo auto-ódio. De novo, apesar das mudanças positivas propiciadas pelo movimento feminista, a maioria das garotas ainda experimenta vergonha, repugnância, nojo e/ou constrangimento quando começa a menstruar. Estudos com garotas púberes mostram que elas odeiam a ideia de sangrar. Sentem que isso as torna párias ou possíveis alvos de chacota e desdém. Propagandas associadas à menstruação reforçam a ideia de que a mulher, durante esse período, corre o risco de prejudicar seriamente sua autoimagem. Apenas uma proteção rigorosa pode salvá-la. Muitas meninas já aprenderam a odiar seus genitais mesmo antes da chegada da menstruação, mas, como Nancy Friday escreve em *The Power of Beauty*, é nesse momento que "o autodesprezo começa a sério, na aversão genital herdada da mãe, que aprendeu com a mãe dela". Feministas progressistas determinadas a criar suas filhas sem vergonha corporal frequentemente se veem em conflito com mães, pais e autoridades escolares que promovem pensamentos negativos com relação ao corpo feminino.

Uma das minhas amigas diz à filha de cinco anos que seus genitais são cheios de surpresas e poder. Ela se viu no meio de uma controvérsia quando a criança compartilhou essa informação com outras menininhas. A maioria dos pais e das mães ainda considera um tabu falar abertamente da genitália feminina, apesar das representações explícitas de corpos nus e atos sexuais no horário nobre da televisão. Os meninos podem ter vantagem em relação às meninas porque, durante os anos em que aprendem a usar a privada, eles geralmente ouvem comentários positivos sobre seus genitais. Um episódio de *Sex and the City* dramatizou o medo e o constrangimento das mulheres em relação à própria genitália. Na trama, a promíscua e sexualmente aventureira Samantha e a protagonista, Carrie, incentivam a amiga puritana e conservadora Charlotte a olhar para sua vagina no espelho. A impressão de Charlotte de que sua vagina era feia se transforma. Ela olha para suas partes íntimas de olhos arregalados, com deslumbramento e reverência sublime. Em outro episódio, Charlotte celebra seu corpo posando para uma pintura que retrata sua vagina. Se essas representações positivas estivessem unidas a uma celebração geral do corpo feminino em todas as suas formas, esse programa teria sido incrivelmente radical. Como nossa cultura em geral, ele envia às mulheres mensagens contraditórias: ame seu corpo, mas lembre-se de passar fome para ser magra e linda.

Mais do que nunca, reconhecemos que há uma ligação entre o ódio feminino à vagina, ao sangue menstrual, e a obsessão feminina pela magreza. Meninas e mulheres anoréxicas com frequência param totalmente de sangrar. Depoimentos de jovens adultas criadas para pensar em seus genitais como um ponto positivo de saúde, prazer e beleza feminina são os melhores registros de que as mulheres têm o poder de mudar atitudes negativas com relação a seu corpo. Nancy Friday pede às mulheres que criem uma campanha com força máxima para mudar as atitudes com relação aos ciclos menstruais: "Criamos nossas filhas para que acreditem poder conquistar qualquer coisa, mas as colocamos em rédea curta com nossos pesares sobre a menstruação [...]. Acredito que nenhuma deficiência física inibe as mulheres mais do que a mentalidade quanto ao sangramento do corpo feminino". Mudar as atitudes com relação ao corpo feminino, com relação à genitália, foi um aspecto muito discutido no movimento feminista desde cedo. O debate pode ter sido interrompido porque as mulheres que estavam levantando essas questões acharam que era muito fácil mudar de atitude e criar uma perspectiva positiva, já que muitas delas estavam chegando ao estágio da vida em que a menstruação cessaria.

Às vezes é igualmente assustador e tragicamente irônico que, enquanto nação, tenhamos mais consciência do que nunca sobre esses assuntos, mas que tão pouco tenha mudado. Essa consciência é um resultado direto dos aspectos positivos e de afirmação da vida do movimento feminista, mas não está ligada nem a um plano pró-feminista de longo prazo nem a esforços gerais na cultura como um todo para ensinar maior valorização dos corpos femininos. De fato, muitas pessoas, especialmente mulheres, agem como se o movimento feminista fosse apenas uma rebelião negativa, como se não houvesse impacto positivo. Mas foi o movimento feminista que aumentou a consciência cultural do autodesprezo pelo corpo feminino, de transtornos alimentares potencialmente fatais, de perigosas cirurgias estéticas que prejudicam a saúde. Uma vez que todas essas preocupações, levantadas a princípio por pensadoras feministas, foram apropriadas pelo grande foco nas questões de gênero, ficou fácil demais para todo mundo esquecer que a consciência de um problema não é em si uma solução. Para resolver o problema do autodesprezo pelo corpo feminino, temos de criticar o pensamento sexista, fazer uma oposição militante a ele e, simultaneamente, criar outras imagens, novos modos de enxergar a nós mesmas.

O aumento da conscientização não raro dá a ilusão de que um problema está diminuindo. Não costuma ser o caso. Pode significar apenas que um problema se tornou tão disseminado que não pode mais permanecer escondido nem ser ignorado. Apesar de nossa consciência e do conhecimento público sobre transtornos alimentares, garotas estão cada vez mais propensas a se tornarem viciadas em controlar o peso a fim de permanecerem magras. Esse vício abre caminho para transtornos alimentares. Na maioria das vezes, mulheres que dão depoimentos públicos sobre a dor e o horror pelos quais passaram, compartilhando suas histórias de recuperação, são mostradas como mais magras que um graveto. Espera-se que entendamos que a magreza glamorosa apresentada não é mais problemática. As contradições aqui são óbvias. Se uma pessoa fosse naturalmente magra, então o desejo de passar fome para chegar à magreza ou para mantê-la seria desnecessário. O controle obsessivo do peso é geralmente uma resposta ao medo de ganhar peso.

Conforme se aproximam da meia-idade, muitas mulheres ganham peso. Não é por acaso que a grande maioria das mulheres começamos a repensar e abandonar nossa obsessão com a magreza conforme envelhecemos. Essa frequentemente é a fase na vida de uma mulher em que ela começa a avaliar e analisar seriamente os valores que a moldaram. Mulheres bem-sucedidas que estão envelhecendo têm uma consciência muito mais aguda do sexismo e do que precisa ser feito para enfrentá-lo em casa e no trabalho na meia-idade. Em um momento escuto a mim mesma e outras mulheres falando sobre a necessidade de perder peso para atrair mais a atenção dos homens e, depois, na mesma conversa, criticamos essa crença. Quando eu estava anorexicamente magra e tinha dificuldade para comer, tive muito menos parceiros do que durante os anos em que comecei a ver a saúde como sedutora e atraente, quando escolhi ser saudável, defender e admirar isso como o sinal mais vital de beleza. Geneen Roth compartilha a percepção de que "o peso não fez diferença na qualidade do amor na minha vida — nunca". E, ainda assim, era difícil para ela deixar de lado a suposição de que a magreza a tornaria mais desejável, mais digna de amor.

As mídias de massa estão muito mais interessadas em compartilhar histórias de autodesprezo feminino pelo corpo do que em retratar mulheres que amam seu corpo como ele é. Ao abrirmos uma revista, é muito mais provável ver a imagem de uma mulher mais velha parecendo bem mais nova do que ela é, cujo corpo lembra o de uma adolescente, com a matéria talvez detalhando a dieta e os exercícios que a mantêm em forma, do que ver lindas mulheres mais velhas com carne sobre os ossos. A maioria de nós tem carne sobre os ossos. Gostaria de poder dizer que todas nós amamos essa carne. Algumas de nós amam. A maioria não. Muitas de nós simplesmente desistem, desenvolvendo um processo de aceitação negativa. Com isso, quero dizer que uma mulher pode não gostar de sua aparência, de seu peso, mas deixa de tentar mudar a si mesma, de modo que não se enquadra mais nos padrões estéticos sexistas convencionais, e isso diminui a ansiedade e o estresse. Mas ela ainda não tem amor-próprio. Não podemos negar nosso corpo e amá-lo.

A ausência de um sistema de valores baseado no amor leva as mulheres a continuamente fazer da percepção da aparência o principal fator para a autoestima. Aprender a nos amar inclui repensar atitudes negativas com relação ao corpo feminino. Com amor, somos capazes de celebrar corpos saudáveis, colocando a beleza e os adornos no seu devido lugar. Quando as mulheres direcionam a busca por amor ao próprio corpo, podem coletivamente criar uma revolução cultural na qual a conexão fundamental entre amar seu corpo e ter amor-próprio será óbvia.

Enquanto as mulheres não superarmos a negação e reconhecermos que temos o poder de mudar positivamente nossas percepções do corpo feminino, estaremos sempre longe do amor. Se alguém nos ama, mas estamos aprisionadas no autodesprezo, esse amor não vai nos alcançar. Vamos questioná-lo, desvalorizá-lo, seremos como a heroína de Nikki Giovanni em "Woman Poem" [Poema mulher], que declara "não sou merda nenhuma e você deve ser ainda menos/ para se importar". Afirmar nossa beleza natural antes de adorná-la de outras formas nos ajuda a não depender de artifícios. Resguarda nossa autoestima corporal. Pense em todas as mulheres que você conhece que não aceitam ser vistas sem maquiagem. Eu com frequência me pergunto como se sentem consigo mesmas à noite, ao se deitar na cama com seus companheiros. Estarão afundadas numa vergonha secreta de que alguém as veja como realmente são? Ou dormem com raiva de que a pessoa que elas são de verdade só pode ser celebrada e cuidada em segredo? Por anos, nunca usei maquiagem. Então, com mais de quarenta, comecei a usar batom, o que eu ainda aprecio com uma alegria infantil. Mas por algum tempo essa alegria foi interrompida quando comecei a sentir que eu não brilhava o suficiente, não era visível o suficiente sem cor nos lábios. Eu queria me sentir tão bem com minha aparência sem batom quanto me sentia com ele. E era eu quem estava no controle das minhas percepções. Era eu quem podia afirmar as duas posturas.

Todas as mulheres sonhamos em conhecer um parceiro que goste do nosso corpo como ele é. Desejamos alguém que ofereça aceitação incondicional e validação, especialmente se nunca fomos validadas ou se só fomos validadas quando crianças em nossa família de origem. Desejamos aceitação para o eu físico, queremos ser admiradas como somos, mesmo quando negamos validação a nós mesmas. Essa é a pior forma de autossabotagem. Podemos "começar exatamente onde estamos" ao oferecer a nós mesmas o olhar de aprovação que desejamos ver nos olhos de outra pessoa. Quanto mais amarmos nossa carne, mais os outros vão se deliciar com sua dádiva. Quando amamos o corpo feminino, somos capazes de deixá-lo ser o terreno sobre o qual vamos construir conosco um relacionamento mais profundo — um relacionamento amoroso que une mente, corpo e espírito.

09.
irmandade: amor e solidariedade

A maioria das mulheres procura amor esperando encontrar reconhecimento do nosso valor. Pode nem ser o caso de não vermos o nosso valor; apenas não confiamos em nossas percepções. Quando eu era menina, achava que tinha características maravilhosas. Eu vivia perpetuamente surpresa pelo fato de que aspectos que eu acreditava serem magníficos e encantadores em mim mesma fossem odiosos e suspeitos aos olhos dos meus pais, sobretudo da minha mãe. Enfim, minha mãe era repleta de contradições. Num dia ela podia debochar do meu amor pela leitura e ameaçar tirar todos os meus livros; noutro, falava com orgulho das mesmas paixões que antes tinham sido alvo de deboche e usadas para me humilhar e me envergonhar.

Em seu livro *Life and Death: Unapologetic Writings on the Continuing War Against Women* [Vida e morte: escritos sem remorso sobre a contínua guerra contra as mulheres], Andrea Dworkin conta que sua mãe dizia com frequência "que ela me amava, mas não gostava de mim". Mulheres de todas as raças e classes frequentemente contam terem ouvido isso da própria mãe. O impacto de tal declaração foi fazer com que elas sentissem que havia algo profundamente errado nelas. Ao descrever seu relacionamento com a mãe, Dworkin relembra:

Ela enxergava a minha vida interior como uma reprimenda. Ela me achava arrogante e, sobretudo, odiava que eu valorizasse meus próprios pensamentos. Quando eu guardava meus pensamentos para mim mesma, ela pensava que eu estava tramando algo contra ela. Quando contava o que eu pensava, ela dizia que eu era insolente e de alguma forma ruim: má, nojenta, podre. Ela com frequência me acusava de pensar que eu era mais inteligente do que ela.

Repetidas vezes, escuto depoimentos de mulheres talentosas sobre as acusações de arrogância vindas de suas mães. Minha mãe com frequência me censurava pelo que ela percebia como uma crença minha de que eu era mais inteligente e melhor do que ela.

Os estudos feministas nos ajudaram a entender que mulheres que sufocam seus próprios talentos singulares com o objetivo de serem filhas, esposas e mães diligentes geralmente se enchem de raiva. Enquanto poderia parecer lógico que uma mulher frustrada com seu desenvolvimento pudesse se entusiasmar ao ver a filha se tornar realizada, é muito comum que sua autoestima corroída leve a sentimentos contraditórios ou a expressões extremas de competição e raiva. Nos piores casos, essa guerra entre mãe e filha pode até levar pais e mães a cometerem atos de assassinato da alma,[10] quando tentam sistematicamente destruir a autoestima da filha para que seus talentos nunca se concretizem.

O pensamento patriarcal normaliza a competição entre mães e filhas, assim como a rebelião das garotas. Por sorte,

---

10. *Soul murder,* expressão usada para agrupar e nomear tipos específicos de abuso psicológico, sobretudo ocorridos na infância, infligidos por pais/cuidadores, e que produzem traumas que prejudicam a capacidade do indivíduo de amar. [N.E.]

mães feministas progressistas que ou desaprenderam a ter uma autoestima baixa incapacitante, ou foram abençoadas o bastante por crescerem em famílias nas quais seu desenvolvimento era encorajado, estão criando dia após dia filhas incríveis sem competir com elas nem as desvalorizar. A experiência delas se mostra uma contestação direta a qualquer noção de que inveja e competição estão naturalmente presentes nos vínculos entre mães e filhas. Na presença desse grupo de meninas que têm amor-próprio, nosso espírito de mulher se eleva. O poder pessoal delas é embriagante e maravilhoso. Elas o exalam como um perfume forte e inebriante. E é fácil de ver como esse poder das meninas, se fosse difundido, facilmente minaria a ordem social sexista convencional. Algum dia, essas meninas vão se tornar mulheres que vão contar suas histórias em público. Suas memórias das mães constantemente apoiadoras, validadoras e cuidadoras servirão de contranarrativa para questionar e transformar as velhas imagens de ódio e conflito entre mãe e filha.

Conflitos e competição acirrada entre mães e filhas não são resultado apenas da repressão sexista ao crescimento e à autorrealização de mulheres adultas. Muitas mulheres poderosas, talentosas e bem-sucedidas competem de modo cruel e inclemente com suas filhas. São inúmeras as horríveis histórias de relacionamentos entre mães famosas e suas filhas. Embora se dê muita atenção ao relacionamento sexual consensual entre pai e filha em *O beijo*, livro de memórias da escritora Kathryn Harrison, a história realmente chocante na narrativa é a intensa e perversa rivalidade entre Harrison e sua mãe. No romance *Oranges Are Not the Only Fruit* [Laranjas não são a única fruta], da escritora britânica Jeanette Winterson, a mãe de classe trabalhadora punia a filha pela paixão por livros. A personagem narradora teme que a mãe encontre sua coleção de livros e diz: "Um dia ela encontrou. Ela queimou tudo".

Algumas pessoas argumentariam que criam os filhos do mesmo jeito que suas mães fizeram; portanto, o pensamento sexista continua a ser o principal culpado. De modo significativo, esse impulso negativo competitivo, que busca a aniquilação psíquica e a destruição da outra — da mulher que possui o que a primeira não tem —, comumente caracteriza os vínculos entre mãe e filha e também a interação feminina em geral. A competição entre mulheres bem-sucedidas e suas filhas se origina com frequência no medo da mulher adulta de envelhecer numa cultura patriarcal. Não importa quão talentosa e poderosa uma mulher seja, as regras do sexismo continuam a defini-la como sem valor conforme ela envelhece. Portanto, uma mulher talentosa, atraente e bem-sucedida pode se sentir ameaçada pelo fato de que o sexismo garantirá que sua filha, que pode ser menos talentosa e nada bem-sucedida nem atraente, ainda vai "vencer" por ser mais valorizada graças à virtude da juventude.

Quando eu era uma jovem mulher insegura, não achava que a juventude era um recurso. Minha autoestima claudicante fazia da juventude um fardo. Eu queria envelhecer, pois tinha certeza de que, com a idade, viriam a clareza e a confiança. Chegando à meia-idade, um dia de repente acordei para a realidade do poder do corpo de uma jovem na cultura patriarcal. Embora já o soubesse racionalmente, foi muito diferente sentir isso profunda e visceralmente. Para ser honesta, fiquei chocada quando percebi que nunca mais teria acesso a essa energia fresca e jovem. Estou convencida de que homens mais velhos desejam mulheres mais jovens em parte para extrair essa energia, para não terem de lidar com essa perda permanente na própria vida. Sem dúvida, uma mulher envelhecendo com autoestima baixa incapacitante sente que essa energia da juventude é uma afronta aniquiladora. E uma mãe insegura que precisa testemunhar a vitalidade dessa mulher em formação e cheia de juventude pode vê-la como um ataque à sua identidade e sua condição de pessoa.

O ódio e as crueldades intensas nos vínculos entre mãe e filha são descritos repetidas vezes em livros de memórias contemporâneos. Enquanto muitos leitores ficaram chocados com a revelação de Kathryn Harrison sobre a escolha do incesto entre pai e filha adulta narrada nas memórias de *O beijo*, o que achei chocante foi o seu intenso ódio contra a mãe. Tragicamente, o ódio e a competição entre elas pareciam motivar a aquiescência, quando jovem adulta, aos avanços sexuais inadequados do pai. Ao descrever sua infância, crescendo na mesma casa que a mãe e a avó materna, Harrison confessa que aprendeu a reprimir seus verdadeiros sentimentos, "uma lição reforçada frequentemente durante minha infância de guerra feminina e uniões temporárias e ardilosas". Ao escrever sobre seu transtorno alimentar, ela declara:

> A anorexia pode ter sido iniciada como uma tentativa de me moldar ao ideal de minha mãe e depois me anular, mas sua sedução mais profunda, mais insidiosa, é aquela de exilá-la. A anorexia pode ser satisfeita; minha mãe, não. Por isso a substituí por essa doença, com um sistema de penitência e renúncia que oferece sua própria recompensa. Minha mãe se torna obsoleta.

Embora inúmeras resenhas da obra tenham discutido com entusiasmo o "romance" ilícito entre pai e filha adulta, o ódio monstruoso de Harrison pela mãe é visto como "normal".

Escrevendo em retrospectiva, Harrison sugere que o ódio pela mãe é uma reação justificável à negligência e à indiferença maternas. Mas seu pai tinha sido ausente, negligente e abusivo e ainda assim nunca é objeto de sua absoluta raiva, desprezo e desdém. As mulheres acham mais fácil sentir raiva umas das outras. A raiva dirigida aos homens parece mais ameaçadora, e o poder de retaliação deles, mais perigoso. A mãe de Harrison se recusa a responder ao anseio da filha por reconhecimento consistente e cuidadoso. Muitas de nossas mães se comportaram dessa maneira contraditória, mas a maioria de nós não retaliou com ódio e raiva competitiva contra elas. A pensadora feminista Naomi Wolf, em seu livro de memórias *Promiscuidades*, sentia que era normal que ela e suas colegas "cultivassem uma emergente competição sexual com as mães". Em seu recente livro de memórias *Black, White, and Jewish* [Negra, branca e judia], Rebecca Walker, filha da aclamada Alice Walker, narra o desejo desesperado de competir com o mundo da "fama" para obter a atenção completa de sua mãe escritora.

Passei por uma fase na minha vida de jovem adulta na qual desejei ter uma mãe que fosse intelectualmente bem-sucedida. Minha fantasia era que essa mãe serviria de guia, me mostrando como navegar uma rota através das águas turbulentas do desenvolvimento artístico. No mínimo, eu imaginava, conversaríamos juntas. Essa minha imagem de vínculo entre mãe e filha foi estilhaçada quando comecei a conhecer as filhas de mães "famosas". A filha adulta de uma artista famosa me convidou para uma exposição do novo trabalho da mãe e em seguida contou que a mãe tinha enviado maquiagem pelo correio, dizendo que ela não fosse com a "cara desalinhada". A mãe também dissera que ela podia levar uma amiga, "desde que não nos falássemos". Pensadora e escritora bastante conhecida, a filha aceitou de bom grado as exigências da mãe, desejando igualmente agradar e evitar provocar sua raiva.

Muitas mães que conheci eram perigosamente competitivas ou calculadamente indiferentes. Vorazes por atenção e aprovação da mãe, as filhas eram com frequência tão emocionalmente frágeis que eram incapazes de, por conta própria, tomar decisões afirmativas para sua trajetória, fosse no trabalho, fosse em relacionamentos. O mais chocante para mim era o fato de que muitas dessas mães bem-sucedidas eram defensoras do feminismo. Embora criticassem brilhantemente o sexismo masculino, elas permaneciam cegas para a maneira como as ideias sexistas sobre ser mulher influenciavam o relacionamento com suas filhas e, ainda mais, com outras mulheres. O tratamento brutal dirigido às filhas não terminava na infância — continuava mesmo quando as meninas se tornavam mulheres maduras e feridas. Ao escrever sobre a reação das mulheres ao seu sucesso na época em que o movimento feminista estava à toda, Erica Jong relembra:

Fiquei chocada com as críticas amargas que recebi de algumas mulheres muito inteligentes [...]. O número de feministas que atacam outras mulheres é chocante! Me parece que, se as mulheres vão mudar o mundo, primeiro precisam mudar a si mesmas, se colocar acima da competitividade que nos ensinaram a praticar e aprender a ser verdadeiramente irmãs umas das outras.

A inveja entre mulheres sempre foi brutalmente divisora. Que mulher entre nós não lembra da primeiríssima vez que ouviu a história da Branca de Neve ou de João e Maria? Quantas de nós ficaram confusas com o ódio que essas mulheres mais velhas, mais poderosas, alimentam contra garotas inocentes? Lembro de me perguntar por que tinha de haver um concurso eterno para ver quem era "a mais bonita de todas". Era difícil compreender que João e Maria estavam famintos enquanto os pais deles se alimentavam. E quem podia entender a permissão que o pai concedia à esposa/madrasta má para mandá-los embora? Em uma coletânea de ensaios escritos por mulheres falando sobre os contos de fadas que mais nos afetaram, Fern Kupfer enfatiza o impacto que histórias sobre madrastas más e competitivas têm em nossa consciência. Ao escrever suas memórias em "Trust" [Confiança], ela relembra: "Foram as histórias de uma criança no mundo sem a mãe, sem recursos nem proteção as que mais me atormentaram nos contos de fadas que li quando menina. Da maltratada Cinderela, da isolada Rapunzel, da Branca de Neve sem mãe...". Essas histórias com frequência atuam como nossa doutrinação infantil quanto à natureza do relacionamento entre mulheres, entre mulheres jovens e mais velhas. Kupfer escreve sobre ter repensado o papel da madrasta quando se tornou uma. Sempre que ficava em dúvida a respeito de como cuidar bem de suas enteadas, Kupfer imaginava como gostaria que sua própria filha biológica fosse tratada pela madrasta em sua ausência. Ela se guiava pelas respostas que dava a essa pergunta.

A versão cinematográfica contemporânea da Branca de Neve, *Floresta Negra* (1997), foi tão perturbadora porque a madrasta (magnificamente interpretada por Sigourney Weaver) é muito bonita, mas sua beleza não é suficiente. E nesse filme a enteada já decidiu não dar uma chance à nova madrasta. Esse filme fez do ódio às mulheres um ódio mútuo. Os seus atos de brutalidade (tentativas de queimar uma à outra ou enterrar a outra viva) eram tão bizarros quanto dolorosos de assistir. Em muitas narrativas de competição entre mulheres, especialmente quando há diferença de idade, a juventude vence, mas o afeto entre as mulheres se perde no final. Depois que tudo vai pelos ares, resta apenas o fedor da inveja.

Antes de ser bacana considerar-se feminista, as mulheres se tornavam feministas após um processo de conversão, geralmente participando de grupos de conscientização. Ao contrário dos mitos populares que poderiam levar todo mundo a acreditar que as mulheres nesses grupos não faziam nada além de se reunir e falar mal dos homens, a maioria desses encontros começava com relatos de como enxergávamos a nós mesmas e outras mulheres, como agíamos. Confessávamos abertamente medos e ódios por outras mulheres. Falávamos sobre como combater o ciúme, a política da inveja e assim por diante. Parte do processo de tornar-se feminista era analisar criticamente e mudar os nossos modos sexistas de ver umas às outras. A irmandade não se tratava apenas do que tínhamos em comum — coisas como menstruação, preocupação obsessiva com a aparência ou reclamações sobre os homens —, mas de aprendermos a cuidar umas das outras e agir com solidariedade, não apenas quando temos queixas ou nos sentimos vitimizadas.

Muitas mulheres podem se apoiar e criar vínculos se alguma delas tiver um problema ou se compartilharem um problema. Validar o sucesso de outra mulher é a questão difícil para muitas mulheres, mesmo para aquelas que se declaram feministas. Desde a infância, as mulheres aprendem a usar táticas amedrontadoras de exclusão, ostracismo e esquiva para policiar umas às outras. Estudos mostram que os meninos brigam entre si em conflitos competitivos originados na inveja ou no ciúme, mas raramente empregam essas táticas de amplo alcance como "dar um gelo" no outro. As meninas com frequência competem até a morte, e aqui me refiro ao assassinato simbólico uma da outra. Todo esse comportamento essencialmente de ódio às mulheres continua na vida adulta. É ódio às mulheres porque está enraizado na mesma lógica dos contos de fada que nos ensinam que apenas uma mulher pode vencer ou ser escolhida. É como se nosso entendimento de que as mulheres não têm valor aos olhos do patriarcado sugerisse que só podemos obter valor competindo umas com as outras por reconhecimento.

No passado, acreditava-se que as mulheres não sabíamos participar de competições de modo saudável porque nós, ao contrário dos homens, não aprendíamos essa habilidade na prática de esportes. Ainda assim, treinadoras de esportes competitivos femininos contam que as maiores dificuldades surgem quando colegas de time discordam, e essas interações tendem a ser especialmente brutais. Como escritora, descobri que é o mesmo caso de quando eu, ou qualquer mulher, sou vista como receptora de mais atenção que outras; sou eu que acabo violentamente atacada, não a mídia. E se uma escritora produz muito, então as que escrevem menos vão desmerecê-la ou dizer publicamente que o trabalho dela é repetitivo. A lista poderia continuar. As mulheres parecem particularmente incapazes de reconhecer ou valorizar uma outra que seja percebida como excepcional. Com frequência, outras mulheres vão acusá-la de ser uma fraude.

Aparentemente, os homens são mais bem socializados para aceitar que um deles possa ter habilidades ou talentos excepcionais. No mundo dos esportes competitivos, todo mundo concorda que Michael Jordan é um jogador de basquete fora de série. Então isso não significa que outros jogadores talentosos não vão se esforçar para ganhar dele, mas, quando ele faz mais pontos, eles não saem dizendo que ele não é realmente um bom jogador ou que só teve sorte. O cerne da incapacidade feminina de validar mulheres "excepcionais" é a ameaça da aniquilação. De um lado, as mulheres na cultura patriarcal enfrentam o que eu, por eufemismo, chamo de "mentalidade do copo descartável". Essa é aquela forma de pensamento sexista que diz que as mulheres são todas iguais, portanto não importa qual você escolhe. Confrontadas com essa lógica, algumas mulheres sentem que o jeito de competir é identificar falhas e faltas em outras mulheres. Uma vez que nossas características únicas e distintas podem não ser reconhecidas pelo patriarcado (e, mais importante, pelos homens do nosso convívio — pais, irmãos e, se formos heterossexuais, amantes), então as mulheres podem sentir que o único jeito de conseguir atenção especial ou de ser escolhida é diminuir o valor de outras mulheres. É muito mais fácil diminuir ou falar mal de outra pessoa, e é muito mais difícil cultivar seus próprios atributos.

Quando nós, como mulheres, cultivamos nossos próprios atributos, construímos autoestima, que é o alicerce do amor-próprio. Embora muitos livros já tenham sido escritos sobre o assunto, continuo muito fã de *Autoestima e os seus seis pilares*, de Nathaniel Branden. Ele define esses seis pilares como a prática de viver conscientemente, a autoaceitação, a autor-responsabilidade, a autoafirmação, a vida com propósito e a integridade pessoal. Desses, a autoaceitação é particularmente difícil para as mulheres. Branden define autoaceitação como a "recusa em entrar num relacionamento antagonista comigo mesmo". Desde cedo, na infância, a maioria das mulheres aprende a sentir que somos defeituosas de alguma forma que deve ser corrigida. Seja qual for a base dessa ideia, ela é definitiva e continuamente reforçada pelo sexismo. Esse pensamento nos coloca de imediato numa posição de antagonismo contra nós mesmas. A terapia contínua pode ajudar uma mulher a se aproximar da autoaceitação porque a ensina a deixar de ser sua pior inimiga. O uso de Branden da palavra "recusa" é crucial. As mulheres precisam reivindicar o poder de dizer "não" a tudo que nega nosso valor.

Ser assertiva e aceitar a si mesma são coisas fáceis se conscientemente praticamos a recusa de abraçar julgamentos negativos sobre nós mesmas e nossa realidade. Uma das razões pelas quais muitas mulheres começam a ter amor-próprio na meia-idade, e não em estágios anteriores do crescimento, é que essa é uma época em que nos sentimos livres para fazer o que de fato nos agrada. Todas as mulheres entrevistadas na coletânea de Beth Benatovich, *A sabedoria das mulheres*, relatam que a autoaceitação está mais fácil. Billie Jean King aprecia o fato de que, na meia-idade, "finalmente podemos fazer tudo que queremos [...], e isso é sinônimo de liberdade". Elizabeth Watson incita as mulheres de meia-idade a erguerem a voz: "Defenda o que você acredita. Relembre a adolescente que você foi, que queria muito alguma coisa, e vá atrás disso. Essa é uma época da sua vida em que não há nada nem ninguém atrapalhando o caminho". Depois de anos agradando aos outros ou sendo modestamente discretas, as mulheres na meia-idade começam a se dedicar ao trabalho da autoanálise crítica, uma avaliação que poderia ter sido mais difícil ou ameaçadora numa idade mais jovem.

Sabemos, na meia-idade, que o tempo está acabando, que não teremos infinitas chances de recomeçar. Na história sobre como Jane Jervis traçou o caminho para se tornar diretora de uma faculdade na meia-idade, ela reconheceu que escolher valorizar suas necessidades levou ao fim de seu primeiro casamento. Mulheres em casamentos longos cujos maridos as abandonam na meia-idade, frequentemente para escolher uma parceira mais jovem, não raro encaram a realidade de que não têm uma identidade autônoma. A meia-idade marca o momento de sua autocriação. Minha melhor amiga, que conheci no primeiro ano de faculdade, divorciada após um casamento de mais de vinte anos, criou filhos maravilhosos e agora está se dedicando a reivindicar a identidade que ela estabeleceu muito tempo atrás, mas da qual abriu mão no matrimônio patriarcal. Encontrar a si mesma é uma experiência emocionante, inebriante. Ela nunca foi tão livre. É ao mesmo tempo revigorante e assustador. Como muitas de nós, ela está chegando tarde ao amor-próprio, mas a jornada foi plena e rica.

O amor-próprio é sempre arriscado para as mulheres no patriarcado. Somos mais recompensadas quando nos vemos e agimos como se fôssemos defeituosas, inseguras ou especialmente dependentes e carentes. Uma mulher que não aprenda primeiro a satisfazer suas necessidades psicológicas de aceitação vai sempre operar a partir de um espaço de falta. Esse estado psíquico vai torná-la vulnerável e, com frequência, levá-la a relacionamentos não saudáveis. Apesar de ser arriscado, quando temos amor-próprio, o aumento da satisfação e do poder pessoal nos sustenta quando somos rejeitadas ou punidas por nos recusarmos a seguir as regras sexistas convencionais. Geralmente, livros de autoajuda e terapias nos incentivam a acreditar que atos de amor-próprio vão tornar a vida melhor, mais feliz. Então é especialmente confuso para as mulheres quando escolhemos o amor-próprio e depois nos percebemos ressentidas.

No período mais doce da minha autorrecuperação, quando senti que estava finalmente me abraçando por completo, a princípio fiquei abalada com a falta de reações positivas a essas mudanças. Era como se as pessoas na minha vida gostassem mais de mim quando eu estava em crise, sem comer direito ou deprimida. Na pós-graduação, eu ficava sempre maravilhada na presença de mulheres mais velhas, lindas e bem-sucedidas que pareciam ter tudo; depois eu ficava sabendo de seu alcoolismo ou de outros hábitos autodestrutivos. Saber que essas mulheres tinham problemas sérios regulava o poder delas aos olhos de muitos de seus colegas. Tornava o ódio por seu poder menos intenso. Com frequência, elas eram alvo de pena. Se fossem saudáveis, se fossem vistas como realmente donas de tudo, com certeza seriam alvo de uma inveja feroz e de ataques cruéis.

Mais homens se sentiam atraídos por mim e por outras mulheres que eu conhecia quando não estávamos bem. Isso acontece porque é mais fácil subordinar alguém que não se sente bem consigo mesma ou com sua vida, ou que talvez se sinta constantemente insegura e com medo. As mulheres declaram sem hesitações que permanecem em relacionamentos infelizes porque têm medo de que ninguém mais vai querê-las. Instintivamente, elas sabem que, quanto mais uma mulher é capaz de asseverar sua agência em prol de seu bem-estar, menos desejável ela se torna na cultura patriarcal. Embora menos homens "queiram" mulheres saudáveis e com amor-próprio, os laços com esses homens que querem são mais assertivos, constantes e satisfatórios.

Ao mesmo tempo, muitas mulheres se veem rejeitadas por amigas quando fazem mudanças que diferem dos padrões de comportamento compartilhados que antes as mantinham unidas. As mulheres com frequência criam vínculos por meio da troca de segredos e experiências comuns, mentindo a respeito de qualquer coisa que possa revelar diferenças de perspectivas ou de desejos. E, com frequência, é uma traição que quebra esses vínculos. Antes que as mulheres possam cultivar amor duradouro umas pelas outras, precisamos aprender a contar a verdade, a romper com a noção sexista de que uma boa mulher nunca diz o que realmente pensa. Muitas amizades entre mulheres terminaram porque uma pessoa falhou em dizer sua verdade diretamente para uma amiga, escolhendo, em vez disso, informar seus sentimentos por meio de fofocas mesquinhas e difamações. No pertinente trabalho de Harriet Lerner, *The Dance of Deception* [A dança da desilusão], ela explica:

A dificuldade de contar a verdade está no centro do nosso mais profundo desejo por intimidade com outras pessoas. [...] Contar a verdade é algo que não pode coexistir com desigualdade. [...] Não há pausas para descanso na luta por integridade pessoal e política. [...] Podemos viver hoje de acordo com os valores que desejamos que venham a governar o mundo no futuro hipotético para o qual estamos trabalhando. Honrar a diversidade, a complexidade, a inclusão e a conexão hoje é abrir o caminho para que todos digam a verdade.

Integridade é a base do amor-próprio. Mulheres que são honestas consigo mesmas e com os outros não temem ser vulneráveis. Não temos medo de que outra mulher possa nos desmascarar ou nos expor. Não precisamos temer a aniquilação, pois sabemos que ninguém pode destruir nossa integridade de mulheres amorosas.

Nenhuma mulher que escolhe praticar o amor-próprio se arrepende da escolha. O amor-próprio traz grande poder e liberdade. Ele melhora os relacionamentos com todos. Mas, sobretudo, ele permite à mulher viver em comunidade com outras mulheres, com solidariedade e irmandade. Marilyn Frye compartilha essa ideia pertinente em sua coletânea *Willful Virgin* [Virgem obstinada]:

> Para fazer diferença [...], as mulheres precisam fazer coisas impossíveis e ter pensamentos impossíveis, e isso só acontece em comunidade. Sem uma noção de comunidade, uma mulher não consegue manter suas ideias radicais, ela fica confusa, esquece o que sabia. [...] Convocamos umas às outras para atos criativos de coragem, imaginação e memória, mas eles são literalmente impossíveis sem uma comunidade de mulheres que reconheça e autorize as iniciativas umas das outras.

Embora uma mulher com amor-próprio possa se deparar com mais conflitos, ela é hábil para lidar com as dificuldades que aparecem pelo caminho. Essa habilidade tem origem na autoaceitação, na integridade e na eterna disposição em fazer o que é melhor para seu bem-estar. Ao lado disso, ela tem a força de estar numa comunidade com mulheres, de entrar num círculo de amor.

Recentemente, minha melhor amiga dos anos de faculdade me visitou com suas filhas. Na presença delas, celebramos mais de trinta anos de amizade, contando-lhes tudo que fizemos para cultivar nosso vínculo. Falamos da disposição em dar uma à outra o benefício da dúvida em momentos difíceis, como quando ela equivocadamente imaginou que eu estava seduzindo o namorado dela ou quando eu estava triste porque ela não tinha explicado raça e racismo para suas filhas, um lapso de uma mulher branca cuja melhor amiga é negra. Falamos de nosso contínuo compromisso com a honestidade mútua, com o perdão e com o cultivo de nosso crescimento pessoal. Nos consideramos sortudas porque nosso amor perdura, porque passou pela prova do tempo e por escolhas diferentes.

April se lembra de quando contei a ela, quando eu tinha dezoito anos, que eu não tinha a intenção de me casar, que precisava ser independente, uma mulher livre. E ela se lembra de sentir esse mesmo desejo, mas de alguma forma reprimi-lo e deixar que a cultura a puxasse para o casamento quando ela ainda não tinha se reivindicado totalmente. Podemos manifestar nossas diferenças, compartilhando a pequena inveja que sentimos da vida uma da outra (sim, eu invejo que ela tenha filhas tão maravilhosas), e ainda assim essa inveja não precisa se transformar em uma inveja negativa, pois April me permite compartilhar de suas dádivas. Nesse momento de união, brindamos à amizade, ao amor e à solidariedade entre mulheres, e à esperança de que as filhas dela vão, também, encontrar um círculo de amor no qual dançar, um grupo de mulheres cujos braços vão sempre acolhê-las e abraçá-las. Queríamos compartilhar nossa sabedoria para que elas possam chegar ao amor-próprio mais cedo do que nós, para que amem outras mulheres corretamente.

Na igreja que eu frequentava na juventude, uma das minhas canções preferidas levantava esta questão: "Está tudo bem com a sua alma, você está livre e plena?". Quando praticamos o amor-próprio, atendemos às necessidades mais profundas da nossa alma e não sentimos mais medo de abandono ou perda de reconhecimento. Vemos com clareza a nós mesmas como realmente somos. E essa clareza é fonte de força e paz de espírito. É no espaço da consciência atenta que podemos procurar pelo amor juntas, em comunhão e celebração, valorizando a doçura da solidariedade duradoura entre mulheres.

10.
nosso direito de amar

As mulheres não têm como viver apenas de amor-próprio. Ouso dar essa declaração em resposta à enxurrada de materiais cheios de conselhos dos livros de autoajuda que apresentam o amor-próprio como solução para nossa necessidade de amar e sermos amadas por outros. É verdade que nenhuma mulher consegue receber amor plenamente sem antes ter amor-próprio. Sem dúvida, numa cultura de ódio às mulheres, centrada no masculino, existe tal demanda contínua para que as mulheres neguem a si mesmas — colocando a satisfação dos outros acima do autodesenvolvimento — que as defensoras do bem-estar feminino são com frequência levadas ao outro extremo. Insistindo tanto na necessidade quanto no direito das mulheres ao amor-próprio, elas fazem parecer que, uma vez que isso aconteça, seremos todas "felizes para sempre" e, portanto, não deveríamos gastar nosso precioso tempo desejando o amor dos nossos sonhos ou companheirismo.

Na verdade, mulheres de todas as idades, as que aprenderam a amar quando crianças (e, por consequência, têm amor-próprio) ou as que aprendem o amor-próprio mais tarde na vida, com frequência enfrentam grandes dificuldades, porque nossa cultura ainda não foi transformada de modo a apoiar e manter o bem-estar feminino. Se esse fosse o caso, nossa coletiva falta de amor-próprio e autoestima não seria um problema. Muitas vezes e sobretudo para mulheres adultas, a escolha pelo amor-próprio exige enormes sacrifícios. Isso é verdade principalmente se todas as pessoas com quem convivem estavam acostumadas a desvalorizar e/ou subordinar essas mulheres antes de elas começarem a trabalhar na construção do amor-próprio. Reconhecer isso nos ajuda a entender por que tantas mulheres que talvez saibam intuitivamente que precisam se dedicar ao amor-próprio estão aprisionadas pelo medo.

Mudanças significativas indicam que temos de enfrentar perdas. Sempre que abrimos mão de alguma coisa, fica uma lacuna — mesmo se o que deixamos para trás precisava desaparecer. Geralmente passamos por um período de depressão. Todas as mulheres entrevistadas na coletânea de Beth Benatovich, *A sabedoria das mulheres*, falam da dificuldade de atravessar o medo para abraçar a mudança. A escritora nipo-americana Janice Mirikitani comenta: "Mudanças não são fáceis para a maioria das pessoas. Com frequência, uma realidade ruim é preferível à ideia de mudança; preferimos abraçar os demônios que conhecemos do que a força positiva que não conhecemos". O fato de tantas mulheres escolherem permanecer presas explica por que elas, assim como a sociedade no geral, podem ser desconfiadas ou agressivas sobretudo com mulheres plenamente autorrealizadas e amorosas consigo mesmas e com os outros.

Ter sucesso não é sinônimo de ter amor-próprio. O best-seller de Gloria Steinem, *Revolution from Within* [Revolução que vem de dentro], expôs em que medida muitas mulheres que alcançaram o sucesso continuaram a sentir falta da realização por causa de uma persistente baixa autoestima. Quanto mais as mulheres se empenham em conquistar, mais confrontamos a necessidade de criar autoestima positiva e amor-próprio. Steinem nos lembra que, "de fato, quando a autoestima essencial permanece baixa mesmo na vida adulta, não existe aprovação nem conquista externa alcançada por realizações que seja capaz de compensá-la". Sem essa base positiva, em algum momento (e essa era uma tese importante no livro de Steinem) a baixa autoestima vai nos solapar. Uma dimensão da baixa autoestima que algumas mulheres bem-sucedidas não conseguem superar é o medo de que escolher conquistas signifique que elas são automaticamente não "femininas" ou menos desejáveis. Esse sentimento pode persistir mesmo quando essas mulheres têm relacionamentos e/ou casamentos plenos de significado e comprometimento. No meu papel de professora, ainda fico perturbada com a presença de alunas brilhantes na sala de aula que não desejam se elevar por medo de se colocarem fora do alcance do amor.

Fiquei muito feliz quando comecei um relacionamento aos dezenove anos, porque achava que, uma vez que eu provasse que podia conseguir um homem, poderia voltar minha atenção ao desenvolvimento de minhas habilidades intelectuais e artísticas. O alívio que senti foi imenso. Era como se eu tivesse tirado um grande peso das costas. Durante a infância e a adolescência, eu tinha ouvido repetidas vezes, tanto de pais quanto de professores, que os homens não gostavam muito de mulheres inteligentes e que, por escolher buscar educação superior, estava me tornando ainda menos desejável. Assim que encontrei um parceiro que validava meu intelecto, criei um vínculo com ele. Com a questão de desejo e parceria resolvida (pois, uma vez que eu tinha um companheiro, tinha provado que era digna de amor, que não era um fracasso), podia me concentrar em outras aspirações. Apesar disso, ainda me sentia terrivelmente insegura. Essa insegurança não me abandonou até que me dedicasse ao aprendizado do amor-próprio. O trabalho do amor-próprio começou com a autoaceitação. Para me aceitar completamente, precisei curar feridas da infância causadas por maus-tratos traumáticos. Terapia contínua e grupos de conscientização feminista foram os lugares onde aprendi a romper com o passado e criar futuros mais positivos.

Meu longo relacionamento acabou justo quando eu tinha terminado meu doutorado e estava assumindo um emprego de professora numa prestigiosa instituição da Ivy League. Mesmo que a escolha de terminar o relacionamento tenha sido minha, tal decisão foi motivada pela recusa do meu parceiro em validar e apoiar verdadeiramente as minhas conquistas. Durante toda a pós-graduação, uma das minhas amigas, também estudante, me provocava dizendo que, quando me oferecessem um emprego, meu relacionamento acabaria. Ela sentia que a disposição do meu parceiro em apoiar meu intelecto não significava nada enquanto minhas aspirações intelectuais fossem apenas isso, aspirações. A pós-graduação tinha sido difícil para mim. Me pareceu similar à família patriarcal disfuncional na qual eu tinha sido alvo de constrangimentos e ritos de humilhação frequentes e abusivos. Levei muito tempo para conseguir meu diploma. Durante todo esse tempo, meu parceiro ofereceu mais apoio e incentivo do que eu jamais recebera de outras pessoas. Quando ele retirou esse apoio no momento do meu sucesso, fiquei chocada e decepcionada. Senti como se todas as profecias patriarcais repassadas por pais e professores tivessem sido reveladas e, no fim, os homens realmente não gostassem de mulheres inteligentes. Esses sentimentos ecoam em muitas narrativas autobiográficas de mulheres que almejam o sucesso. E, de fato, mulheres tinham me avisado repetidamente que meu parceiro não se incomodava com a minha inteligência desde que ele pudesse exercer o papel de mentor superior, e eu, sua protegida rebelde e sexy; mas, se eu me sobressaísse, se chegasse mais longe que ele, o resultado seria a rejeição. E, quando ele retirou seu apoio em momentos críticos, irracionalmente senti que devia ter feito alguma coisa errada.

Muitas mulheres tiveram essa experiência, especialmente mulheres que saíram de papéis sexistas para adotar hábitos libertários. A acupunturista e herbologista coreana Ai Ja Lee se casou com um colega do curso de farmácia que, apesar do apoio inicial, se sentiu diminuído pelo sucesso dela quando começou a ser reconhecida como dona de habilidades de cura excepcionais. Ele respondeu com violência e traição. Quando eles fizeram as provas de validação do curso depois de imigrar para Nova York, ela passou de primeira, e ele não, por isso quis se divorciar. Lee relembra: "Eu nunca pensei que ele fosse um homem ruim — apenas assustado, sentindo-se inferior à esposa, o que feria o seu orgulho... Então ele foi embora, levando o carro e os móveis com ele. Eu tinha três dólares e três bebês para sustentar. Senti tanta vergonha de ser abandonada desse jeito [...] que pensei seriamente em cometer suicídio". A maioria das mulheres empenhadas em obter conquistas, que acabam emocionalmente abandonadas pelos parceiros, ouve uma ladainha similar que internamente as culpa pelo fim do relacionamento, como se o problema fosse o desejo por sucesso, e não o sexismo de seus parceiros. Culpar-se pelo fracasso dos relacionamentos acaba com a alegria e a confiança que elas deveriam sentir com os avanços na carreira.

Uma vez que as mulheres se mostraram iguais aos homens no mercado de trabalho, estratégias para minar esse sucesso foram intensificadas. Pensadores e pensadoras sexistas continuaram a promover a ideia de que essas mulheres odiavam os homens e eram pouco femininas por desejarem o sucesso, além de retratá-las como extremamente monstruosas e demoníacas. Representadas como mais cruéis e predatórias do que os homens em posições equivalentes, elas eram "deusas megeras". Em sintonia com a disposição de serem amorosas com as mulheres, pensadoras feministas denunciaram essa construção do estereótipo da mulher poderosa, chamando a atenção para como esse tipo de contra-ataque visava desencorajar as mulheres a dedicar esforços para alcançar o sucesso. Pensadoras feministas apontaram como uma mulher no comando frequentemente é vista como "difícil", mesmo que as habilidades e estratégias a que ela recorre para fazer seu trabalho sejam as mesmas dos colegas homens. Enquanto um homem franco, rigoroso e sem rodeios é provavelmente visto como capaz e decidido, uma mulher com essas mesmas habilidades será descrita como megera e agressiva. Da mesma forma, uma mulher poderosa e carismática que atrai atenção será frequentemente descrita como exibicionista, como alguém que "sufoca todo mundo" em qualquer sala que entra. Eu nunca tinha ouvido essa expressão até que uma colega a usou para descrever outra mulher que ela achava que estava recebendo atenção demais. Depois de ouvir uma vez, comecei a escutar com frequência esse modo de descrever mulheres poderosas e falantes.

A imagem de uma mulher poderosa sufocando os outros, tirando o ar que eles respiram, é uma representação monstruosamente violenta. Jogando com a imagem de mulheres como doadoras da vida, essa imagem evoca a noção de uma condição feminina distorcida. A mulher poderosa, então, além de não ser uma cuidadora, é sempre confinada ao papel de predadora, que sente prazer em ceifar vidas. Me parece perturbador que, em todos os casos em que ouvi essa frase, ela foi pronunciada por uma mulher para depreciar e falar mal de outra mulher. Como tantas representações negativas de mulheres poderosas, a implicação subjacente dessa imagem é a ideia de que mulheres que buscam poder e sucesso não podem ser amorosas nem ter uma postura afirmativa de vida. Ao escolherem ser poderosas, elas estão automaticamente se colocando fora do molde no qual poderiam ser vistas como mulheres capazes de dar e receber amor.

Apesar dos questionamentos feministas contínuos e rigorosos quanto às imagens sexistas, negativas e estereotipadas de mulheres poderosas, especialmente as bem-sucedidas, essas imagens prevalecem. A intensidade de sua influência sobre o imaginário da cultura de massa é tão forte que muitas jovens que buscam ser independentes, poderosas e bem-sucedidas simplesmente abraçaram a ideia de que são "megeras". A aceitação acrítica dessa imagem é problemática. Ela ajuda a perpetuar estereótipos sexistas de mulheres poderosas. Jovens mulheres querem abraçar a imagem da "megera durona" porque isso as salva de confrontar a dor oriunda da punição que as mulheres recebem por escolher o sucesso e a autorrealização. Mesmo que uma dose de ousadia seja necessária para uma mulher transgredir os limites e romper com a imagem de feminilidade que espera que todas nós sejamos "boas meninas", essa transgressão não a coloca fora das tradicionais normas sexistas. São essas tradicionais normas sexistas que dividem as mulheres entre santas ou vadias, cuidadoras piedosas ou deusas megeras. Uma mulher que escolhe ser uma megera está na verdade escolhendo permanecer dentro dos limites que o sexismo prescreveu: ela não é nem uma verdadeira rebelde, nem uma revolucionária, está meramente se rendendo à ideia sexista de que, para ser poderosa, deve ser uma megera.

O livro de Elizabeth Wurtzel, *Bitch: In Praise of Difficult Women*, é o exemplo mais notável de uma jovem bem-sucedida que aceita publicamente a persona de megera. Na introdução, intitulada "Manufacturing Fascination" [Fabricando fascínio], ela declara: "Obviamente, sob os holofotes da vida pública, nos lugares onde as mulheres inventam personas, a única declaração que uma garota pode dar para proclamar força, firmeza, autonomia — a si mesma como um *eu* — é de alguma forma ser má, de alguma forma fazer algo que certamente vai fazer seus pais chorarem". Contrariando o posicionamento de Wurtzel, para a maioria das garotas e mulheres é evidente que agir em nome do nosso mais profundo desejo por autoexpressão geralmente nos coloca em conflito com a cultura, e isso inclui pais e mães, queiramos ser más ou não.

Quando me rebelei contra meus pais, que não queriam que eu estudasse na Universidade Stanford porque era muito longe de casa, não o fiz com alegria nem com a intenção de declarar um desafio. Eu queria e precisava do apoio deles. Contrariar seus desejos era assustador e psicologicamente inquietante. Naquela época, e agora, quero viver num mundo onde todas as mulheres possam fazer escolhas para crescer espiritual e intelectualmente sem ter de resistir de maneiras que aumentam nosso isolamento e insegurança. Eu me ressenti por ter de amadurecer num mundo ávido por fazer com que todo ato de amor-próprio feminino parecesse um gesto de egoísmo, todo ato assertivo, uma marca da megera. Wurtzel talvez sinta que "a megera como modelo, como ícone e ideia, tem momentos de pompa e ocasiões de solidez", mas a verdade continua sendo que poucas mulheres se beneficiam da atitude de megera. Embora desempenhar a persona de megera possa ser divertido por um tempo, isso significa apenas que logo a mulher vai sofrer os velhos padrões de punição projetados para garantir que a megera não apenas saiba o seu lugar mas que também fique no seu lugar. E a atitude de megera de uma jovem sexy, que ainda não alcançou todo seu poder, é muito mais tolerada que a de uma megera adulta e madura, que costuma ser desprezada, punida, odiada. Nenhuma mulher com amor-próprio quer ser uma megera. E ver outras mulheres como megeras só serve para manter viva a ideia sexista de que sempre que uma mulher transgride o status quo se trata de um caso patológico.

Abraçar a persona de megera é, por definição, repudiar a ideia de que mulheres poderosas precisam receber amor. Jovens mulheres que acham bacana ser apelidadas de megera veem seu desdém pelo amor como uma medalha de honra. Imitando homens patriarcais que negam a importância do cuidado e do crescimento emocionais, elas encenam uma persona "durona". Sejam jovens ou mais velhas, mulheres que estão contentes de reivindicar a categoria da megera ainda estão vivendo no domínio sexista de ódio às mulheres. Em vez de ajudar a abrir caminho para que todas as mulheres reivindiquem sua individualidade com coragem e graça, elas ajudam o patriarcado ao apoiarem a suposição sexista de que a escolha por ser totalmente autorrealizada torna a mulher uma megera.

Praticar o amor-próprio elimina a possibilidade de que uma mulher escolha abraçar categorias negativas como sinal de poder. Mesmo que haja ocasiões em que o comportamento assertivo seja visto pelos outros como "de megera", mulheres libertas sabem a diferença entre respostas construtivas e ações rudes. Ninguém espera que deusas megeras muito bem-sucedidas ou manipuladoras dedicadas ao lar sejam amorosas. De fato, a suposição é a de que mulheres que se esforçam em nome de autoexpressão, poder e sucesso não possuem nem o conhecimento do amor nem o desejo de amar.

A cultura popular diz continuamente às mulheres, e a todo mundo, que mulheres bem-sucedidas na carreira são fracassadas no campo do amor. Uma das forças mais poderosas que sabotam as mulheres trabalhadoras tem sido a representação na mídia de massa da "feminista" trabalhadora dedicada à carreira como vilã narcisista autocentrada. Desde a construção da mulher profissional como vilã homicida em *Atração Fatal* (1987), passando pela imagem aparentemente mais benigna da mãe divorciada trabalhadora num filme familiar como *Um Dia Especial* (1996), até a executiva de publicidade no mais recente *Do que as Mulheres Gostam* (2000), a mensagem continua mesma: mulheres que conquistam muito são psicologicamente problemáticas. E o fato de amarmos ou não, sermos amadas ou não, está no centro da situação em que novamente precisamos provar que somos dignas, que ainda somos desejáveis e, portanto, femininas.

O filme *Atração Fatal* não apenas perpetuou a ideia de que a profissional poderosa e solteira está tentando ser um homem (a personagem se chama Alex); também a retratou como incapaz de entender como se ama de modo saudável porque ela recebeu "qualidades femininas". Brutalmente assassinada pela boa esposa e mãe que incorpora as noções sexistas de feminilidade perfeita, Alex é punida porque escolheu repudiar as normas sexistas. Sua busca por amor é retratada como uma busca louca e enlouquecedora. Uma vez que a mensagem patriarcal do filme é a de que Alex poderia ter encontrado o amor se tivesse simplesmente ficado no lugar do ideal feminino definido pelo sexismo, o público é incentivado a vê-la como alguém que faz por merecer a punição. Em *As sete histórias de amor*, a autora Marcia Millman lembra que o público ficou feliz em testemunhar o assassinato de Alex, interpretada pela atriz Glenn Close:

> Quando vi *Atração Fatal* pela primeira vez, muitas pessoas no cinema aplaudiram quando a esposa de [Michael] Douglas mata Glenn Close antes que ela consiga esfaquear seu marido. Poucas pessoas demonstraram alguma empatia com a personagem de Close — ela havia se transformado num monstro, e não gostamos de ver como somos capazes de comportamentos monstruosos.

Alex vai ficar na história do cinema estadunidense como uma das personagens femininas mais odiadas. Não é surpreendente, portanto, que, no século XXI, a executiva de publicidade em *Do que as Mulheres Gostam* não questione nem resista ao seu destino, mas espere até receber permissão do predador corporativo machão — que se transforma num feminista — para timidamente afirmar a verdade profunda de que seu desejo é ser apreciada por ser quem ela é, ser aceita como alguém que é igualmente inteligente e digna de amor. Ela não quer ser vista como megera.

Quando a ideia de que tudo o que as mulheres poderosas podem fazer é abraçar a identidade de megera insolente se une às suposições do feminismo não esclarecido de que expressar necessidades emocionais enfraquece o poder de mulheres bem-sucedidas, a busca por amor é considerada patológica. É vista como sinal de fracasso ou fraqueza. Na verdade, mulheres poderosas revelam plenitude psicológica quando se recusam a abraçar qualquer tipo de pensamento que sugira a necessidade de escolher o sucesso acima do amor. Mulheres poderosas com amor-próprio sabem que nossa habilidade para cuidar das nossas necessidades emocionais, apesar de essencial, não substitui parcerias e companheirismo amoroso. Muitas mulheres solteiras de sucesso sentem, na meia-idade, que há poucos lugares onde podemos falar abertamente sobre nosso desejo de ter parcerias amorosas sem que sejamos vistas como desesperadas ou, pior, como dignas de pena. Me aconteceu muitas vezes de, ao falar abertamente sobre a importância de dar e receber amor, especialmente sobre o meu desejo de ter um parceiro, esses sentimentos serem ridicularizados ou alvo de deboche. Surpreendentemente, colegas e amigos com frequência sugeriam que era uma piada minha dizer que amor e companheirismo eram importantes para mim. Por trás da reação dessas pessoas estava a suposição de que mulheres que escolheram dedicar muita energia ao trabalho veem essa escolha como mais importante do que o amor. Elas não conseguiam aceitar que uma mulher pudesse ser amorosa e *também* fervorosamente comprometida com o trabalho. Incapazes de ver como essas duas paixões acentuam e reforçam uma à outra, elas queriam negar meu direito de amar.

A devoção apaixonada ao trabalho sempre ampliou minha consciência da importância do amor. Na mesa onde escrevo, fica um cartão com as palavras do poeta tcheco Rainer Maria Rilke que enfatizam a afinidade entre amor e trabalho. Com sabedoria, ele afirma:

> Como tantas outras coisas, as pessoas também entenderam mal o lugar do amor na vida; elas o transformaram em brincadeira e prazer porque pensaram que brincadeiras e prazer traziam mais bem-aventurança que o trabalho, mas não existe nada mais feliz do que o trabalho; e o amor, simplesmente porque é a extrema felicidade, não pode ser nada além de trabalho.

De modo considerável, quando mulheres bem-sucedidas reivindicam o direito à plenitude privilegiando amor e trabalho, questionamos o pensamento sexista que nos nega o amor como uma punição por escolher valorizar o trabalho. Eu coloco o amor acima do trabalho porque sei que, sem uma base sólida de amor-próprio, arrisco sabotar meu valor e o valor de tudo que conquisto por meio do trabalho.

O amor-próprio pode nos sustentar, mas, para prosperar na comunidade, que é onde vivemos, precisamos receber amor dos outros. Ao contrário do que diz o senso comum, mulheres poderosas e bem-sucedidas desejamos amor tanto quanto desejamos ser amorosas, porque sabemos que o amor vai melhorar todas as áreas da nossa vida, especialmente o trabalho. Desejamos parceiros amorosos para termos a experiência do desenvolvimento elevado no contexto de compartilhamento mútuo. As mulheres de meia-idade sabem por experiência que, assim como escolher o parceiro errado enfraquece a autoestima, escolher um parceiro que nos ama ajuda a manter a autoestima quando estamos continuamente sob ataque. Gloria Steinem incluiu um posfácio na edição em brochura de *Revolution from Within*, publicada um ano após a edição de capa dura. O posfácio descreve a tentativa da mídia de massa de minar a importância desse trabalho ao classificar a escrita como sinal de "fraqueza". A veemência desses ataques poderia ter sido aniquiladora, não fosse o imensurável retorno positivo recebido dos leitores.

Quando comecei a escrever sobre amor, todo repórter que me entrevistava queria saber se eu estava "amolecendo". Essas perguntas não são feitas a homens que escrevem sobre o tema. Ninguém quer saber se John Gray, John Welwood, John Bradshaw ou Thomas Moore estão amolecendo quando escrevem sobre amor, pois esses homens nunca foram estereotipados como durões. Mas mulheres poderosas, sobretudo intelectuais, sempre foram estereotipadas como emocionalmente defeituosas. A sabedoria e o juízo crítico são frequentemente vistos como alimentados por uma crueldade interior, por uma falta de empatia pelos outros, e não por observações zelosas aprimoradas por brilhantismo intelectual e por uma compreensão profunda e compassiva de como nossa cultura funciona. Leitores poderiam optar por interpretar minhas obras sobre amor como uma amostra do meu desenvolvimento intelectual ou de percepções visionárias, mas o pensamento sexista desvaloriza essa experiência e precisa fazer parecer que a escolha por pensar criticamente o amor é um comportamento fraco e extravagante.

Traições e ataques brutais podem ferir a autoestima até da mulher poderosa que mais tenha amor-próprio. E mulheres poderosas de todas as raças e classes são sempre atacadas. Mulheres que temos amor-próprio e sucesso contamos com o cuidado das pessoas que amamos para sobreviver a ataques ferozes. Não precisamos sentir vergonha de falar da importância desse amor. Com frequência relembro às pessoas amigas e amadas que todo regime terrorista no mundo usa o isolamento para destruir o espírito das pessoas. Sem dúvida, muitas mulheres se afastaram do projeto feminista de autorrealização por medo de ficarem sozinhas e sem amor. Ironicamente, há uma probabilidade enorme de que a desvalorização patriarcal da mulher garanta que incontáveis mulheres permaneçam sozinhas e sem amor.

Mulheres poderosas autorrealizadas não devem sentir vergonha quando falamos do desejo por um parceiro amoroso, da necessidade de receber apoio de um círculo de pessoas amadas. Me empolga ter chegado à meia-idade em paz comigo mesma, satisfeita com minhas conquistas, satisfeita com meu jeito de ser e meu estilo de vida. E, embora a alegria na minha vida não diminua quando não tenho um companheiro, essa alegria aumenta quando um parceiro amoroso está comigo. Todas as mulheres que conheço que têm parcerias amorosas concordam que esses relacionamentos são um apoio em seus esforços contínuos para resistir à desvalorização patriarcal, para ser tudo que podem ser. Muitas pensadoras e ativistas, artistas e escritoras feministas foram forçadas ao isolamento por um público desinteressado, que deseja o sofrimento a toda mulher que desafia a norma patriarcal. Vivendo sem comunhão, essas mulheres com frequência ficam doentes, solitárias, amargas. Elas nunca deveriam ter desistido de seu direito de conhecer o amor e alcançar a plena autorrealização.

O medo de nunca conhecer o amor impede muitas mulheres de se esforçarem para conquistar tudo de que são capazes. Deixar esse medo de lado permitiria que enxergassem que, ao nos tornarmos tudo que podemos ser, temos a base para o amor-próprio, também necessária para a verdadeira plenitude e que atrai o amor para perto. Inúmeras mulheres permitiram que suas escolhas fossem influenciadas pelo medo. Elas se recusaram a se dedicar à autorrealização, temendo que isso as impedisse de conseguir um homem — e, mesmo depois de fazer esse sacrifício, viram-se sozinhas. Geralmente, esse é um momento de despertar. Algumas mulheres se recolhem à amargura, mas a maioria trabalha para recuperar a individualidade perdida ou que nunca permitiram que chegasse a existir. Na maioria das vezes, essas mulheres renunciam ao amor, pois sentem que foi seu desejo por amor que as levou a sacrificar a individualidade desnecessariamente. É uma pena. Não foi o amor que as fez perder o rumo, pois sem amor-próprio elas não estavam prontas para conhecer o amor.

O amor se apresenta mais para mulheres totalmente autorrealizadas, que sabem quem são. Essa é a boa notícia que mulheres poderosas com amor-próprio frequentemente guardamos para nós, como se fosse um tesouro que vai se perder se for compartilhado, ou por medo de parecer que estamos nos gabando de "ter tudo". Mas a verdade é que podemos ter tudo, embora raramente tenhamos tudo ao mesmo tempo ou na ordem em que gostaríamos. Essa ausência de ordem é parte da magia e do mistério da vida. Em vez de nos fecharmos para o amor, todas as mulheres, especialmente as de meia-idade ou que se aproximam da velhice, deveriam louvar o amor. O amor nos liberta para sermos nós mesmas e para estarmos abertas para que os outros nos conheçam sem vergonhas nem fingimentos. Prestes a morrer sem uma parceria amorosa, mas cercada por um círculo de amor, Elisabeth Kübler-Ross quis deixar essa mensagem para o mundo, que ela declara na autobiografia *A roda da vida*: "Tudo é suportável quando há amor. Meu desejo é que você dê mais amor a mais pessoas. A única coisa que vive para sempre é o amor". A busca das mulheres pelo amor deveria ser central na vida.

O amor é a base sobre a qual construímos a casa dos nossos sonhos. É uma casa com muitos cômodos. Relacionamentos são parte dessa casa, mas não são tudo e nunca poderiam ser. O segredo é o equilíbrio. Para viver de maneira equilibrada, nenhum grupo de mulheres deveria sentir que é necessário negar a importância do amor. Mulheres poderosas, bem-sucedidas e com amor-próprio sabemos que o amor verdadeiro prolifera em nossa vida. A menos que contemos ao mundo nossas histórias de amor, os mitos de que não queremos amar e não conseguimos achar amor continuarão a servir de advertência, mantendo outras mulheres presas, mantendo-as longe da verdade de que o amor genuíno sempre nos levará a ser plenamente quem somos. Homens e mulheres que querem conhecer o amor nos encontrarão, e nós os encontraremos.

11.
a busca por homens que amam

Procurar amor e procurar um homem são dois objetivos muito diferentes. A maioria das mulheres heterossexuais sem um parceiro está procurando um homem. E adivinha? É fácil achar homens. Encontrar um homem não é o mesmo que encontrar amor. Para encontrar amor em um parceiro, as mulheres precisamos ter clareza de que esse é nosso desejo. O movimento feminista expôs a dura verdade do ódio às mulheres. Mais do que nunca na história, a palavra "misógino" se tornou um lugar-comum. Era o atalho para descrever um homem sexista, patriarcal, que odiasse as mulheres. Mas a outra realidade exposta pelo feminismo, e mais desconfortável de ser conversada entre as mulheres, era o ódio feminino contra os homens.

Anos atrás, no auge do movimento feminista contemporâneo, lembro de lésbicas fazendo piadas constantes sobre como o mundo estava equivocado ao retratá-las como aquelas que odeiam homens, porque todo mundo sabia que, se você juntasse um monte de mulheres numa sala e começasse a falar sobre homens, os sentimentos mais brutais de ódio contra eles seriam manifestados por mulheres que se relacionam com homens e planejam ficar com eles pelo resto da vida. Ouvindo esses comentários repetidas vezes, sabendo em primeira mão que havia uma verdade nessas palavras, investiguei minha alma para ver quais eram meus sentimentos honestos quanto aos homens. Determinei que, se olhasse para dentro e visse que realmente desprezava os homens, eu deixaria de considerá-los potenciais parceiros e amantes.

Quando olhei para dentro, descobri que meus pensamentos sobre os homens eram dominados por três imagens: meu pai patriarcal, que eu temia, às vezes odiava e desejava que morresse; meu excêntrico avô materno antipatriarcal, que nunca temi, amei em todos os momentos e queria que vivesse para sempre; e meu irmão mais velho, brincalhão. Meu pai não cuidava de nossa alma. Ele trabalhava duro para dar conta de nossas necessidades materiais. Eu apreciava isso, mas nunca senti que ele me amava, mesmo quando eu tentava agradar, cumprir as condições que ele definia. Embora me contassem que ele tinha ficado "louco por mim", emocionado com a nova bebê quando nasci, me levando para todos os lugares e me exibindo, o pai que eu conhecia com mais intimidade era frio, retraído, distante e emocionalmente travado. Vovô Gus era antimaterialista e me amava incondicionalmente. Papai era dado a picos de raiva e, de vez em quando, tinha violentos ataques. Nosso avô era sempre gentil e afetuoso, nunca falava com raiva. Nossa mãe contou que ele não era assim apenas com os netos; ele tinha sido igual com os próprios filhos durante toda a vida. Ela o admirava e amava.

E então havia meu irmão, Kenneth. Parecíamos gêmeos, apesar de ele ter chegado antes, oito meses antes de mim. Kenneth era tudo que um menino não deveria ser: doce, delicado, brincalhão e com medo de ser machucado. Ele nos encantava com seu humor. Ele era tudo que papai não era. Suas irmãs o amávamos, e ele nos amava. Amávamos nosso irmão, o eterno menino, sempre Peter Pan, mas no geral temíamos homens adultos.

Honestamente, se vovô Gus não tivesse feito parte da minha vida, acredito que eu poderia muito bem ter me tornado uma mulher que odeia os homens ou, no mínimo, uma mulher que simplesmente teme os homens. Muitas mulheres temem os homens. E o medo pode ser a base do desprezo e do ódio. Pode ser um disfarce para uma raiva reprimida e mortal. Quando meninas ainda crianças estão aprendendo como são os homens dentro da cultura patriarcal e moldando sua impressão a respeito deles, buscamos, na autoridade masculina que conhecemos, uma lição sobre masculinidade. Se as principais figuras masculinas a que temos acesso são cruéis, rudes e, em alguns casos, violentamente abusivas, é assim que pensamos que os homens são. Se os homens com quem convivemos — pais, tios, avôs, irmãos — assistem de braços cruzados a mulheres mais velhas nos agredirem, perdemos o respeito por eles. Não os perdoamos pelo fracasso em nos proteger e manter a salvo.

Sou grata por ter tido variadas imagens de masculinidade ao meu redor quando eu era criança. Eu sabia que muitos homens eram "machões" como meu pai, mas também sabia que havia homens como meu avô — calmos, gentis e afetuosos. Essas imagens diversas moldaram minha perspectiva. Na minha infância, havia homens que não tinham vergonha de expressar abertamente seu amor a Deus e derramar lágrimas extasiadas. Esses homens eram rebeldes, renegando a norma patriarcal. E eram os homens que eu estava destinada a amar, os homens sensíveis, profundos e tímidos que eram menosprezados pelo patriarcado. Os homens que habitavam os meus sonhos eram homens sentimentais.

Quando entrei com todo o coração no movimento feminista, tive total apoio do meu parceiro, cuja personalidade, no fim das contas, era uma mistura da do meu pai com a do meu avô. Naquele momento, ainda não tínhamos caído na rixa entre gêneros que mais tarde nos separaria. Na época, ele apoiava meus esforços para me tornar uma mulher liberada. Não era homofóbico. Em nenhum momento ele se preocupou com o tempo que eu passava com lésbicas feministas, como alguns homens se preocupavam. Nos nossos grupos, mulheres confessavam que os homens com quem se relacionavam não queriam que elas fossem amigas de lésbicas. Seus parceiros acreditavam que elas se tornariam lésbicas só por sentarem ao lado de uma. Nós ríamos dessas histórias. E ficávamos tristes por esses homens, que estavam perdendo a chance de ter amizades que poderiam mudar suas perspectivas sobre o amor e a vida.

Naqueles tempos, usávamos a expressão "identificadas com homens" para descrever mulheres que não necessariamente gostavam dos homens, embora em geral fingissem que sim, mas que apoiavam qualquer posicionamento dos homens de seu convívio, deixando suas opiniões de lado para agradá-los. Algumas dessas mulheres eram subordinadas contra a vontade, mas muitas eram hábeis manipuladoras, fingindo incorporar o ideal feminino sexista mesmo enquanto desprezavam os homens reais, que elas consideravam idiotas e infantis. Olhando para trás, posso ver que nossa frase estava incompleta. Essas mulheres não eram apenas identificadas com homens, elas eram patriarcalmente identificadas com homens. Mesmo as mulheres feministas mais radicais sabiam que nem todos os homens queriam ser patriarcais. Mulheres identificadas com homens adotavam as mesmas ideias negativas sexistas sobre gênero, como qualquer homem sexista. Não estavam interessadas nas perspectivas de homens progressistas defensores do feminismo. Para elas, esses homens não eram homens "de verdade".

Nos nossos grupos de conscientização feminista, as mulheres envolvidas com homens em geral contavam as histórias mais difíceis. Conhecendo os homens intimamente, de modo pessoal e próximo, elas também conheciam a iminência da dor provocada pelos homens. Conheciam o abuso emocional e a violência doméstica. A raiva delas contra os homens era intensa e implacável. Às vezes, era contagiosa. Era difícil não se tornar anti-homens depois de escutar uma mulher descrever ter sido estuprada repetidas vezes quando criança por um pai furioso, depois ter fugido de casa com o primeiro cara que foi legal com ela, apenas para descobrir mais tarde que, quando ele ficava bravo, ela se tornava o saco de pancadas da raiva dele — e assim por diante. Essas histórias eram comuns.

Estar em círculos íntimos escutando tanta dor nos fazia querer nos livrar de homens abusivos. Era fácil fantasiar sobre ir atrás dos homens, interrogá-los para descobrir se já tinham agredido alguma mulher, enfileirar os abusadores e explodi-los. Depois, você iria até as mulheres que eles tinham machucado e poderia garantir: "Ele nunca vai te machucar de novo, nunca mais". Essas fantasias não surgiam de um desejo irracional de surrar os homens. Faziam parte dos sonhos feministas de acabar com a violência masculina contra mulheres. Faziam parte do desejo de saber como o mundo seria se fosse um lugar seguro — um lugar onde as mulheres pudessem perambular livremente, onde pudéssemos "reconquistar a noite".[11] Claro que havia mulheres nesses grupos que odiavam os homens e queriam vingança, mas a maioria expressava sua raiva e depois ia para casa cuidar e apoiar os homens com quem conviviam. Raramente elas eram lésbicas.

A decepção das mulheres com os homens quase não recebe atenção pública na nossa sociedade. No lado oposto aos grupos de conscientização feminista, estavam os encontros informais de esposas de qualquer comunidade, que se reuniam para jogar cartas, fazer compras e compartilhar, entre uma fofoca e outra, a raiva e o ódio contra os homens. Ao contrário das feministas, elas não queriam que os homens deixassem de ser patriarcas; queriam apenas que eles fossem patriarcas mais gentis e afetuosos. Usando termos feministas, chamávamos esses homens de "patriarcas benevolentes". Eram homens que acreditavam ser superiores às mulheres e, portanto, sentiam que deveriam nos governar. Apenas acreditavam que deveriam ser protetores e provedores gentis. Antes das grandes mudanças feministas nos papéis de gênero da nossa sociedade, os homens cruéis e abusivos geralmente encontravam mulheres identificadas com homens as quais ajudavam a justificar e legitimar suas ações. Entretanto, conforme o pensamento feminista voltado a dar fim à violência masculina, ainda que diluído, infiltrou-se na cultura em geral, a maioria das mulheres passou a se posicionar contra a dominação e a violência dos homens, mas ainda apoiando a cultura patriarcal.

11. *Take back the night*, no original, expressão que deu nome a inúmeras passeatas e protestos contra a violência contra a mulher. O movimento surgiu na Europa nos anos 1970 e logo se espalhou pelo mundo, com foco em denúncias de estupro e na reivindicação das mulheres pelo direito de andar sem medo pelas ruas a qualquer hora. [N.T.]

Mulheres, como minha mãe, que permaneceram ao lado de maridos inclementes por mais de cinquenta anos hoje condenam atos de crueldade e grosseria que, menos de dez anos atrás, elas teriam tentado justificar ou explicar. Toda vez que eu falava com dureza sobre meu pai, minha mãe sempre retrucava com positividade, lembrando-me de como ele era um sólido provedor. Nos anos recentes, ela se tornou mais crítica dos atos inclementes dele. E se tornou mais amarga. Hoje em dia, com mais de sessenta anos, quando ela faz comentários sobre os homens em geral, é mais provável que sejam negativos do que positivos. Como mãe de seis filhas adultas, várias das quais sofreram nas mãos de companheiros inclementes abusivos, ela, uma mulher tradicionalmente identificada com homens, começou a mudar sua perspectiva. Agora ela sabe que as mulheres não devem ser culpadas quando os homens nos tratam de modo violento e/ou cruel.

Mais do que nunca, as mulheres em geral se sentem livres para falar de seu ressentimento e da raiva contra os homens. Minha irmã mais nova usa um bottom que diz "TANTOS HOMENS, TANTAS RAZÕES PARA NÃO DORMIR COM NENHUM DELES". Na esteira do movimento feminista contemporâneo, ficou mais difícil articular do que gostamos, o que desejamos e amamos nos homens. Neste mundo onde tantas mulheres trabalham, poucas falam sobre o prazer de ser sustentada financeiramente pela renda de um parceiro. E mesmo uma mulher como Jane Fonda, casada com um dos homens mais ricos do mundo, que a libertou do trabalho, agora declara que sentia estar perdendo sua identidade no casamento, foi embora e começou a criar seus próprios projetos profissionais.

No geral, as mulheres parecem concordar que, salvo se as atividades forem prazerosas e convidativas, ficar em casa não é divertido. Como era de esperar, muitas trabalhadoras acham maravilhoso ficar em casa quando dão à luz. Mas os recém--nascidos crescem. O movimento feminista criou o espaço social para que os homens escolham ficar em casa e ser "donos de casa" e, como muitas donas de casa, eles repetem as mesmas queixas se não conseguem ocupar de modo significativo o tempo longe de um trabalho remunerado. No livro *The Time Bind: When Work Becomes Home and Home Becomes Work* [O aperto do tempo: quando o trabalho se torna a casa, e a casa se torna trabalho], de Arlie Hochschild, mulheres reconhecem que preferem ter empregos mal remunerados mesmo quando precisam fazer um segundo turno de trabalho em casa. Elas preferem trabalhar do que ser financeiramente dependentes dos homens. Preferem sair de casa e trabalhar mesmo que não recebam dinheiro suficiente para ser livres. Se salários pelo trabalho doméstico tivessem se tornado uma realidade, talvez as coisas não fossem assim. Uma revolução doméstica poderia ocorrer se um salário para a pessoa do lar (como acontece com a pensão alimentícia em alguns estados) fosse automaticamente deduzido do contracheque da pessoa que trabalha fora.

Considerando-se feministas ou não, há mais mulheres do que nunca encarando a realidade de que vivemos numa sociedade dominada por homens. E muitas mulheres gostam que seja assim, desde que recebam deles benefícios e nenhum efeito colateral. Os efeitos colaterais — tirania no lar ou violência sexual — nenhuma mulher aprecia nem deseja. O que a maioria das mulheres escolhe não encarar é o fato de que, se você apoia o patriarcado, terá efeitos colaterais. Como diz Elizabeth Wurtzel:

> Ainda parece que os homens detêm todo o poder. Eles ainda parecem obedecer ao impulso de fugir, enquanto as mulheres estão aprisionadas ao impulso de correr atrás. Enquanto os homens forem constantemente incentivados a evitar compromissos e as mulheres treinadas para desesperadamente buscar compromisso, os sexos vão estar sempre em desacordo, e nada vai funcionar.

Claro, muitos homens em relacionamentos patriarcais empregam abuso emocional e violência física para evitar intimidade. Perpetuar essa violência faz o sistema do patriarcado funcionar. Sem a violência masculina no meio do caminho, os homens poderiam ser emocionalmente abertos, poderiam encontrar a rota para o amor.

A popularidade de livros como *Homens são de Marte, mulheres são de Vênus*, de John Gray, indica que muita gente quer acreditar que mulheres e homens têm diferenças inatas, na personalidade e no jeito de ser, e que essas diferenças mantêm naturalmente a ordem social. Essas pessoas escolhem a negação em vez de encarar a realidade de que as diferenças de gênero que nos ensinaram como inatas são, na maioria das vezes, adquiridas; que, embora a biologia seja importante e não deva ser desconsiderada, não é um destino. Hoje em dia, quase todo mundo sabe que nem todos os homens são mais fortes que as mulheres, nem mais inteligentes, nem menos emocionais, e assim por diante. Ideias sexistas de gênero raramente se sustentam quando olhamos para a vida real. E se sustentam ainda menos quando ultrapassamos as fronteiras culturais e olhamos para homens e mulheres em outras sociedades. Morando nos Estados Unidos, as pessoas facilmente se esquecem ou permanecem ignorantes quanto ao fato de que mulheres em outros lugares do mundo com frequência fazem trabalhos braçais mais pesados do que seus pares masculinos. Ou que uma grande quantidade de homens no mundo está sofrendo de má nutrição ou passando fome e tem condições físicas muito distantes das cidadãs de nações ricas que comem três refeições ao dia.

O aspecto do patriarcado que a maioria das mulheres quer mudar é a inclemência e a crueldade dos homens, o desprezo e a antipatia que eles têm pelas mulheres. O fato de tantas mulheres não conseguirem aceitar que o patriarcado exige dos homens truculência no trato com as mulheres e que a masculinidade heterossexual patriarcal é definida pela disposição em praticar violência é prova da ignorância vigente sobre a realidade política. Escritores patriarcais liberais e benevolentes como John Gray oferecem às mulheres estratégias para lidar com o desgosto mútuo entre homens e mulheres. Em todo o seu trabalho, Gray basicamente incentiva mulheres e homens a aceitar suas diferenças e encontrar modos de evitar conflitos e comportamento abusivo. Superficialmente, pode parecer que a popularidade de seu trabalho expõe a aceitação passiva das mulheres em relação ao pensamento patriarcal, mas na verdade é a insatisfação das mulheres com os aspectos negativos do patriarcado que cria um público para o trabalho dele. Embora possa ajudar mulheres a lidar com homens patriarcais, o trabalho de Gray não clama pelo fim da dominação masculina. Em vez disso, perpetua a crença patriarcal convencional de que, para os homens, é natural desejar ter domínio sobre os outros.

Muitas mulheres se apavoram com a ideia do fim do patriarcado e tentam encontrar modos de lidar com a dominação masculina que aumentem seu bem-estar. Sem dúvida, fica claro que homens sexistas não estão com pressa de comprar livros que os ajudem a desaprender o pensamento sexista. A concepção patriarcal mantém mulheres e homens separados, presos às diferenças artificiais que Gray e outros pensadores escolhem chamar de naturais. Para as mulheres que queriam se relacionar com homens, nada era mais assustador do que um movimento feminista expondo a profundidade do desprezo e da falta de consideração masculina com relação ao sexo feminino. Por sorte, ao alterar o mercado de trabalho, o movimento feminista alterou fundamentalmente o modo como os homens veem as mulheres. Ainda assim, apesar do apelo feminista para mudar o pensamento patriarcal que nega aos homens acesso ao crescimento emocional, a maioria deles continua a acreditar que é "natural" se comportar como se as emoções não importassem, como se todo o trabalho emocional, incluindo amar, fosse uma tarefa essencialmente feminina.

O primeiro capítulo do relatório *As mulheres e o amor*, de Shere Hite, nomeia como grandes problemas "o distanciamento e o retraimento emocional dos homens", sua "relutância em falar sobre pensamentos e sentimentos pessoais". Hite afirma: "98% das mulheres nesse estudo dizem que gostariam de mais proximidade verbal com os homens que amam; querem que os homens exponham mais pensamentos, sentimentos, planos e dúvidas e façam mais perguntas sobre os delas". Ao ler isso, me lembrei de um trabalho da cartunista Nicole Hollander:

um cartão em cuja capa está a imagem de uma mulher sentada à frente de uma vidente olhando para uma bola de cristal. A mulher pergunta: "Por que ele não fala sobre os próprios sentimentos?". E, na parte interna do cartão, a legenda diz: "Às duas da manhã, homens do mundo todo vão falar sobre os seus sentimentos, e mulheres do mundo todo vão se arrepender". Comprei esse cartão anos atrás e o guardei.

Ele me fazia lembrar de ocasiões na terapia com meu parceiro de longa data nas quais ele dizia que eu sempre o incentivava a falar de seus sentimentos, mas, quando ele falava, tudo que compartilhava me deixava chateada. Isso fazia com que ele preferisse ficar em silêncio. O que compartilhava geralmente expunha que ele não era a pessoa que eu pensava que era — que seus valores, suas crenças e seus preceitos éticos eram radicalmente diferentes dos meus. Tente perguntar a qualquer homem se é melhor interromper a relação sexual caso a mulher esteja desconfortável. A maioria quer continuar o coito independentemente do que as mulheres sentem. E se as mulheres falassem com os homens sobre isso de forma aberta antes de se envolverem em atividades sexuais com eles, saberiam que eles pensam assim. Muito do que os homens têm a dizer seria um banho de água fria, então não surpreende que muitos homens sedutores aprendam a guardar seus pensamentos para si: tanto melhor para manipular e enganar suas admiradoras.

As mulheres têm medo de ouvir os homens patriarcais falarem o que pensam e sentem, pois o que eles revelam expressa uma realidade totalmente diferente do que elas imaginavam. Essas falas expõem nossas diferenças, o quanto não nos conectamos e também a possibilidade de que talvez não seja *possível* nos conectarmos. Essa é a possibilidade a que o cartão se refere. Os homens patriarcais parecem saber disso melhor que as mulheres. O silêncio deles ajuda a manter o patriarcado. Quando os homens falam de pensamentos e sentimentos que revelam um narcisismo patológico ou negam uma preocupação com o amor, fica mais claro para suas interlocutoras que eles não vão oferecer o companheirismo desejado ou atender às necessidades emocionais dessas mulheres. Elas não querem conversar com os homens sobre amor porque não queremos ouvir que a maioria deles simplesmente não se interessa pelo assunto. Um homem patriarcal honesto vai dizer em alto e bom som que finge ter interesse no amor para conseguir sexo.

Todos nós ouvimos falar de casais que ficam juntos por mais de cinquenta anos, mas parecem ser completos estranhos. Eles de fato parecem estar em planetas diferentes. Mas, muito frequentemente, são as necessidades do homem que são atendidas nessas relações, e eles não sentem o desejo de se comunicar, enquanto as mulheres se angustiam. Muito antes de livros como *Terrorismo íntimo*, de Michael Vincent Miller, que descreve o sadomasoquismo subjacente nessas relações, Tillie Olsen traçou um retrato triste e comovente de um casamento desse tipo no conto "Tell Me a Riddle" [Conte-me uma charada]. Na história, os valores do homem patriarcal triunfam, e o espírito da mulher acaba destruído. A vitória para o homem, entretanto, não significa felicidade. Os dois lados estão presos num vínculo negativo.

Tem sido difícil para as mulheres admitir que homens abusivos podem exercer o poder sem serem felizes. Embora meu pai domine minha mãe, ele não parece satisfeito com seu poder. Ele anseia por conexão. E, como acontece a muitos homens patriarcais, ser mulherengo lhe permite engendrar uma busca secreta por amor. Todo mundo imagina que o homem mulherengo anda por aí procurando sexo, quando, na verdade, ele pode estar apenas procurando uma conexão emocional honesta, que alivie a dor que ele sente de modo tão contínuo quanto a dor sentida pela mulher que ele atormenta. A atividade sexual pode dar a ele o espaço para baixar a guarda e receber cuidado emocional. Se os homens patriarcais falassem aberta e honestamente com as mulheres, talvez mais mulheres quisessem o fim do patriarcado. Elas veriam com mais clareza como o pensamento sexista coloca mulheres e homens em conflito um com o outro, criando e sustentando as condições da guerra de gêneros. Toda mulher que já esteve num relacionamento com um homem emocionalmente retraído e tentou se conectar com ele sabe que, quando ela comunica seu desejo, na maioria das vezes surge um conflito. Com frequência, os homens não são particularmente negativos quando solicitados a falar sobre seus sentimentos. Eles apenas reagem dizendo: "Eu não sei a resposta". Essa é uma forma passiva de controle, pois encerra toda a conversa.

Ironicamente, o movimento feminista com frequência era e ainda é retratado na mídia de massa como a origem da guerra dos gêneros, quando na verdade o conflito já estava em andamento. O pensamento feminista era uma solução — um jeito de resolver diferenças entre mulheres e homens. Hoje em dia, as pessoas gostam de acreditar que o conflito se intensificou por causa da mudança nos papéis de gênero, mas, na realidade, a guerra nunca parou. É inquestionável que mais mulheres se afastam de homens abusivos. Esse é um resultado positivo do movimento feminista. Se o afastamento das mulheres da violência patriarcal abusiva gera raiva nos homens, intensificando sua misoginia, a culpa não é do feminismo.

Homens comprometidos com o patriarcado raramente gostam de mulheres. As mulheres comprometidas com o patriarcado pensam igual a seus pares masculinos. E todos eles sentem que é natural que esses dois grupos diferentes e antagônicos acasalem e se relacionem sexualmente. É claro que as mulheres que aceitam o antagonismo entre os sexos como a "ordem natural" são mais felizes em seus relacionamentos com homens do que aquelas que querem colocar fim ao conflito. O relatório de Shere Hite sugere que a ampla maioria das mulheres quer o fim do conflito. Estejam elas dispostas a dar voz a esse desejo ou não, isso significa que querem o fim do patriarcado. Enquanto vivermos numa cultura patriarcal, as rixas entre mulheres e homens serão a regra. Em alguma medida, as mudanças propostas pelo movimento feminista que não alteraram a estrutura subjacente possibilitaram que mulheres e homens dessem voz à insatisfação. Pode parecer que o pensamento e a prática feministas pioraram o conflito, mas, na verdade, se tivessem sido abraçados por todos, o teriam resolvido.

É difícil para as mulheres encarar o fato de que o patriarcado as coloca contra os homens, e vice-versa. Quando uma mulher conhece um homem, ela rapidamente decide, de modo consciente ou subconsciente, se ele representa uma ameaça. Enquanto a reação inicial predominante das mulheres perante os homens for o medo e a preocupação com a própria segurança, não teremos um mundo onde as mulheres possam gostar plenamente dos homens. Muitas mulheres sentem que precisam de homens em sua vida, mas muitas não têm certeza se gostam dos homens, porque não sabem de fato quem eles são e o que pensam. Ou, se sabem, podem confessar que amam os homens, mas não gostam deles.

Quando as mulheres falam sobre o que consideram apreciável num homem, referem-se a características como bondade, força de caráter e integridade. Como Harriet Lerner coloca em *Life Preservers*, na seção intitulada "Mr. Right and Mr. Wrong" [Senhor Certo e Senhor Errado]:

> Embora o gosto individual varie, nós queremos um parceiro maduro e inteligente, leal e confiável, amoroso e atento, sensível e aberto, gentil e cuidadoso, competente e responsável. Ainda estou para conhecer uma mulher que diga: "Bom, pra ser sincera, espero encontrar um cara meio irresponsável, distante e mal-humorado, que fique sempre emburrado e não cuide nem de si mesmo".

Ainda assim, ela diz: "Muitas mulheres dedicam uma análise mais cuidadosa ao selecionar uma nova torradeira do que dedicam a avaliar um potencial parceiro". Talvez as mulheres deixem de lado a análise cuidadosa porque, no fundo, sabem que colocá-la em prática significa passar longos períodos sem companhia masculina.

Procurar um homem capaz de amar é uma busca que pode levar uma eternidade. A maioria ainda se agarra às recompensas e às formas de poder que o patriarcado lhes oferece por não serem amorosos. Uma vez que o patriarcado os fere no ponto em que poderiam praticar o amor-próprio, impondo-lhes uma identidade que nega sua plenitude, os homens precisam desafiar o patriarcado a fim de conhecer o amor. E existem homens que estão à altura do desafio. Esses são os homens que as mulheres querem encontrar.

Eu tinha bem mais de trinta anos quando fiz uma pertinente lista das qualidades que eu mais desejava num parceiro. E no topo estavam honestidade e abertura. Se eu tivesse aplicado esse padrão de avaliação, não teria escolhido os três homens talentosos e atraentes que tinham sido meus companheiros antes que eu fizesse essa lista. Todos os três eram mentirosos. E eu sabia desde o começo que eram mentirosos. Eu gostava de outras características deles e acreditava que as mentiras cessariam; elas sempre paravam por um tempo. Quando encarei essa discrepância entre o que eu desejava e o que tinha escolhido, fiquei realmente pasma. Debates terapêuticos sobre o pensamento que estava motivando as minhas escolhas revelaram uma mensagem profundamente arraigada que aprendi na infância: "Os homens nunca contam a verdade para as mulheres". Embora eu desejasse honestidade num parceiro, de forma subconsciente não acreditava que isso fosse uma expectativa realista. Claramente, a mensagem que aprendi na infância revela o pensamento sexista estereotipado que as mulheres têm sobre os homens. Mulheres que acreditam que os homens não conseguem ser honestos nunca sentem que de fato conhecem seus parceiros. Se não conhecemos alguém direito, então como podemos saber se gostamos dessa pessoa? E por qual critério decidimos amá-la?

Quando as mulheres eliminam da consciência as atitudes sexistas em relação aos homens, ficamos mais bem situadas para avaliar e gostar dos homens reais que encontramos. Ainda que não os escolha como parceiros, gosto de alguns homens que conheço que são sexistas no seu modo de pensar, homens que são liberais, benevolentes e patriarcais, porque vejo neles outras qualidades que valorizo. Isso não significa que eu aceito ou aprovo seu sexismo. Saber que tanto mulheres quanto homens são socializados para aceitar o pensamento patriarcal deveria deixar claro para todo mundo que o problema não são os homens. O problema é o patriarcado.

Deixando clara essa distinção em *Medo dos cinquenta*, Erica Jong declara:

> A verdade é que não culpo homens em particular por esse sistema. No geral, eles o mantêm sem perceber. E as mulheres o mantêm sem saber também. Mas, cada vez mais, me pergunto se ele poderá algum dia ser transformado. [...] Acredito que o mundo está cheio de homens que ficam realmente tão perplexos e feridos com a raiva das mulheres quanto mulheres ficam perplexas com o sexismo; homens que só querem ser amados e cuidados, que não conseguem entender como esses desejos de repente ficaram tão difíceis de realizar.

O patriarcado pode ser desafiado e transformado. Sabemos disso porque muitas mulheres e alguns homens mudaram radicalmente de vida. Os homens que são companheiros na luta procuram amor para encontrar a comunhão necessária para apoiar sua recusa em perpetuar o pensamento patriarcal. Os homens que são nossos companheiros na luta mostram disponibilidade para serem desafiados, para mudar. Conforme o patriarcado se transforma, as mulheres são capazes de amar mais os homens, e os homens são mais capazes de nos amar.

12.
encontrar um homem para amar

Quando eu estudava teatro na faculdade, participei de uma peça sobre a guerra no Vietnã chamada *VietRock*. Era um protesto contra a guerra — contra a disposição do Estado de enviar jovens homens para morrer longe de casa. Durante a peça, todos os atores cantavam uma música com esta letra: "Não aposte todas as fichas num cavalo só. Os cavalos cansam, e os homens morrem jovens. Melhor se casar com árvores e elefantes — os homens morrem cedo". Entrei na faculdade nos anos de guerra. Os garotos que eu conhecia e de quem gostava estavam no caminho para se tornar "novos homens". Eles não queriam matar ninguém. E, além disso, tinham certeza de que não queriam morrer.

O movimento feminista foi a melhor coisa que aconteceu a esses garotos, porque deu a eles as ferramentas necessárias para criticar a masculinidade patriarcal. Diferentemente dos homens que os antecederam e se recusaram a virar soldados, eles não teriam de se afundar em uma eterna culpa paralisante porque não queriam lutar em guerras. Eles não precisavam fingir que não sentiam medo. Não precisavam agir como se amassem a violência. Como "novos homens", estavam no caminho de se tornar amantes da vida. O feminismo deu a eles a teoria para explicar sua resistência a noções sexistas de mas-

215

culinidade. Deu a eles permissão para declarar publicamente seu amor à vida.

Escrevendo essas palavras mais de trinta anos depois, numa época em que somos bombardeados por filmes de "guerra" de sucesso (*Impacto Profundo* [1998], *Armageddon* [1998], *Gladiador* [2000], *Pearl Harbor* [2001]) que glamorizam a matança, temo que estejamos perdendo a memória da dor e das perdas que nossa nação enfrentou quando tantos jovens, homens e mulheres, foram enviados para a morte no Vietnã. A guerra nos filmes de hoje é um festival tecnológico repleto de luzes brilhantes e munições intrigantes. Nossos garotos não perdem essas guerras. Eles voltam para casa intactos, gloriosos. Esses filmes — *Independence Day* (1996), *Homens de Preto* (1997), *Força Aérea Um* (1997), são tantos que é impossível mencionar todos —, embora sejam apresentados como entretenimento, também são obviamente propaganda imperialista pró-guerra. Eles combinam nostalgia e contra-ataque. A nostalgia pela hiperglorificação da masculinidade patriarcal se une a uma tácita crítica que sugere que os homens que não querem lutar em guerras não são homens "de verdade". Essas imagens na tela têm o objetivo de apagar as histórias nada glamorosas de garotos e homens morrendo na juventude.

Assim que o movimento feminista afirmou a postura de não violência do movimento antiguerra, abriu caminho para uma crítica total à masculinidade, clamando pela eliminação tanto do patriarcado quanto da dominação masculina. Mais importante, convocou os homens a reivindicar sua humanidade integral, a entrar em contato com suas emoções, a falar de seus sentimentos, a se permitir amar e ser amados. Todo mundo esquece que a verdadeira força por trás do movimento feminista foi a decepção das mulheres com os homens. Embora a equidade salarial e os direitos reprodutivos tenham logo ganhado os holofotes, a raiva que tinha se acumulado emergiu nos relacionamentos entre homens e mulheres. As mulheres estavam cansadas de serem tratadas como objetos sexuais pelos indivíduos com quem se relacionavam, fosse como amigas ou amantes. Desde a origem do movimento, feministas visionárias acreditaram plenamente que ele mudaria a vida dos homens para melhor. E mudou.

Enquanto homens e mulheres mais velhos comprometidos com o patriarcado se apegaram a seu sexismo, um grande número de homens se esforçou para repensar a masculinidade. Não surpreende que homens romanticamente envolvidos com feministas tenham sido os primeiros convertidos. Sob a ameaça da perda de relacionamentos significativos, eles estavam dispostos, se não ávidos, a repensar velhas atitudes. Foi útil a convergência entre o movimento feminista e a libertação sexual. Muitos homens acreditaram que havia vantagens (não ter de ser o único provedor, poder fazer sexo com "gatas" livres) em repensar a masculinidade patriarcal ou pelo menos fingir que repensavam. Embora meu namorado, que era antiguerra e pró-libertação das mulheres, apoiasse meu compromisso com as políticas feministas e fosse ele próprio um convertido, ele nunca soube direito como deveria ser a nova masculinidade.

De um lado, enquanto nós dois concordávamos com jogar fora o velho modelo patriarcal da dominação masculina, não estávamos interessados no que chamávamos, brincando, de "masculinidade bundona". Esses eram os homens que não conseguiam manter uma ereção porque, para eles, toda relação sexual era estupro. Ou homens que se subordinavam a qualquer mulher que levantasse a voz e botasse pressão. Eles eram como vegetais que passaram do ponto, e não havia nada de desejável nisso. Em vez de mudar a ideia sexista de que em todo relacionamento há uma pessoa dominante e uma submissa, esses homens estavam assumindo o papel subordinado. E, embora isso não fosse desejado, não estava claro o que as mulheres de fato queriam dos "novos homens".

Os homens queriam satisfazer esses novos desejos sem renunciar a velhos hábitos e modos de ser. Ao descrever essas expectativas confusas em *A coragem de criar grandes homens*, Olga Silverstein e Beth Rashbaum comentam:

> Em resposta às bem estabelecidas mudanças culturais e econômicas das últimas décadas, espera-se que os homens agora sejam tudo o que um dia foram e mais — às vezes de maneiras que contradizem umas às outras e são mesmo mutuamente excludentes. Os "novos homens" devem continuar sendo caras fortes e silenciosos, mas também emocionalmente disponíveis. Eles devem ser agressivos e empáticos, durões e gentis, cabeças-duras e sensíveis, John Wayne e Alan Alda.

Com o tempo, essas expectativas confusas levaram muitos homens a simplesmente recair no comportamento patriarcal benevolente. Em meados dos anos 1980, o contra-ataque antifeminista tinha praticamente silenciado a voz da masculinidade feminista, e não havia mais uma convocação pública aos homens para que desafiassem e transformassem o patriarcado. De fato, a tirania da hipermasculinidade reinou suprema, expressa, na cultura popular, pelo crescente domínio do rap misógino. Entretanto, apesar do contra-ataque, nada poderia mudar o fato de que o feminismo abrira novas possibilidades para a identidade masculina.

Havia um "novo homem" se formando. Esse homem era cria de mulheres e homens que tinham firmado seu compromisso, ainda que confuso, com o desafio e a transformação do patriarcado. Esse homem tinha feito, de bom grado, cursos de estudos sobre a mulher e nunca tinha abraçado o pensamento sexista. Ao contrário dos homens que tínhamos conhecido ao longo dos anos 1970, que relutavam em se converter ao pensamento feminista, essa nova estirpe de homens tinha nascido num mundo transformado pelo ativismo feminista e, desde o primeiro dia, foi socializada para aceitar a igualdade dos sexos em todos os sentidos. Esses homens foram às universidades e escolheram disciplinas de estudos sobre a mulher para aprender mais sobre como se despir do pensamento sexista. Colegas mais velhos se uniram a eles nessa jornada. A presença deles tem sido e continua a ser a manifestação concreta da verdade de que o pensamento feminista é para todo mundo.

A ala pró-patriarcado no controle das mídias de massa criou a imagem das feministas como misândricas, mas, conforme cada vez mais homens se envolvem no movimento feminista, esse falso retrato não pode ser mantido. Os homens transformados pelo envolvimento que escolheram ter com o movimento feminista pensam de modo diferente daqueles que foram forçados a mudar o comportamento para agradar às mulheres do seu convívio. E homens mais jovens criados por pessoas progressistas (muitas das quais são mães solo) representam um novo grupo que não precisou se livrar do pensamento comprometido com o sexismo, porque isso nunca fez parte de sua consciência. Quando cheguei à consciência feminista no fim dos anos 1960 e início dos 1970, estávamos debatendo se as mulheres tinham força física suficiente para pilotar aviões. Agora, pilotas de avião são mães de rapazes que não têm dificuldade em aceitar as mulheres como iguais.

A existência de novos homens com pensamento e comportamento antissexista intensificou a decepção das mulheres com homens patriarcais. Como alguns homens mudaram, todas as mulheres se deparam com o fato de que o comportamento sexista masculinista, que antes se acreditava ser inato, não apenas é aprendido como também pode ser desaprendido. Esses homens excepcionais oferecem às mulheres que encontram, seja em relacionamentos românticos ou de amizade, a possibilidade de vivenciar o amor mútuo. A ausência de uma hierarquia baseada em gênero, na qual alguém está por cima e alguém por baixo, cria um ambiente onde o compartilhamento e a reciprocidade são a regra mais comum. Anos atrás, tive intensos conflitos com meu parceiro por causa de tarefas domésticas: quem deveria lavar roupa, cozinhar ou tirar o lixo. Ele precisou ser convencido de que não estava "perdendo sua masculinidade" ao fazer sua parte. Às vezes era difícil. Os amigos dele com frequência o repreendiam, dizendo que ele era "escravo da buceta". Hoje eu não me sentiria atraída por um homem que automaticamente não assumisse responsabilidade por tarefas domésticas. A boa notícia é que existem homens que abraçam a igualdade de gênero de peito aberto.

Quando comecei a trabalhar nestes capítulos sobre homens e a debater questões com amigas, tivessem elas um parceiro ou não, a pergunta que volta e meia aparecia era: "Existem homens bons?". Minha resposta é: "Claro que sim". Uma vez que muitas dessas mulheres estão na meia-idade, elas com frequência encontram o que eu chamo de homens "não reconstruídos",[12] que ainda não se converteram ao pensamento feminista. Esses homens aceitam, de bom grado ou de má vontade, as mulheres como iguais no trabalho, mas, quando chegam em casa, eles em geral querem que os velhos papéis de gênero sexistas continuem em vigor. Homens que se agarram a um sexismo ultrapassado apequenam a vida de todo mundo, mas também é fato que ocorre um enriquecimento de experiência por haver exceções, homens que são tão libertos quanto qualquer mulher feminista.

Muitos desses homens são gays ou bissexuais. Quando são hétero, eles com frequência têm menos de 35 anos. Recentemente, dei uma palestra e, no momento das perguntas, me questionaram: "É verdade que você gosta de homens mais novos?". Respondi com um enfático "não" e afirmei que, quando se trata de escolher um parceiro, eu me sinto mais atraída por homens comprometidos plenamente com o pensamento e a prática feministas. Na maioria das vezes, os homens mais comprometidos com o pensamento e a prática feministas são mais novos. Passei mais de uma década sofrendo por questões de gênero no meu relacionamento, brigando por justiça. Quando essa relação terminou, decidi escolher homens que eu

---

12. No original, *unreconstructed*. A expressão foi cunhada no período de Reconstrução dos Estados Unidos após a Guerra de Secessão, terminada em 1865. Ela designava os estados que não se conformavam com o resultado do conflito nem com as mudanças nas leis do país, especialmente a abolição da escravatura. Hoje, o termo é usado para se referir a pessoas que não aceitam certas mudanças sociais e políticas ou que se agarram intransigentemente a alguma crença particular, num sentido parecido ao de uma pessoa reacionária ou "cabeça-dura". [N.T.]

não precisasse converter ao pensamento feminista. A dificuldade com a conversão é simplesmente que, quando um homem muda para agradar uma mulher, em vez de mudar a partir de uma convicção interna, as mudanças provavelmente serão superficiais. A maioria das mulheres heterossexuais já se envolveu com um homem que tinha algum comportamento negativo que elas "consertaram", apenas para ver que, em momentos de conflito ou crise, aquele comportamento reaparecia. Feministas heterossexuais esclarecidas que tiveram os dois tipos de relacionamentos — aqueles nos quais temos de convencer os homens de nossos direitos e aqueles nos quais os homens já chegam adeptos da verdade da igualdade — sabem que, depois de ter vivido o segundo tipo, resta pouca motivação para se envolver intimamente com homens não reconstruídos.

Homens que desde o nascimento foram criados numa perspectiva holística, para se desenvolver emocional e intelectualmente, não temem que amar os faça fracos ou que uma mulher poderosa os diminua. Esses homens não precisam ser consertados porque não estão feridos no espaço onde podem conhecer o amor. Em *A coragem de criar grandes homens*, Silverstein e Rashbaum reúnem dados convincentes para mostrar que a masculinidade patriarcal impede os homens de adquirir as habilidades para que vejam a realidade de maneira holística, para que tenham bem-estar emocional. Elas efetivamente contestam a ideia de que meninos precisam se rebelar contra a mãe para obter uma separação saudável, e ligam a violência e o ódio masculinos ao fracasso da nossa cultura em ensinar autoexpressão emocional aos homens. Observar homens holísticos interagindo é a melhor comprovação de que a teoria delas está correta. Homens que foram criados para ter um ponto de vista holístico, para estar em contato com seus sentimentos e comunicá-los, têm relacionamentos pessoais mais satisfatórios do que aqueles emocionalmente retraídos e fechados. Eles não têm vergonha de expressar seu desejo de amar e ser amados com tanta franqueza quanto qualquer mulher o faria.

Os novos homens não precisam dominar os outros em interações pessoais. Eles podem conversar sem se colocar no centro das atenções nem fazer de suas preocupações o ponto de enfoque. Essa característica agrada às mulheres. A maioria dos homens patriarcais acha difícil conversar abertamente com mulheres. E eles geralmente dominam o papo, mesmo quando é com outros homens. Não conseguem ouvir e são incapazes de participar de um diálogo. Nas conversas, eles costumam dar palestras ou contar histórias.

Todas as mulheres, sejam elas defensoras do feminismo ou não, gostam de homens capazes de ouvir e responder. Uma vez que a fala é considerada feminina e o silêncio, masculino, os homens que falam abertamente com frequência são vistos com suspeita. Se heterossexuais, eles talvez sejam considerados gays por outros homens. Ainda assim, a maioria das mulheres deseja conhecer homens com quem possam ter conversas significativas e recíprocas. Essa é uma característica que faz do novo homem um parceiro atraente e emocionante. Estar na presença dele é como estar na presença de uma amiga. Em conversas privadas, muitas mulheres admitem que não se impressionam com a masculinidade patriarcal, que prefeririam ter a companhia de homens com quem a comunicação fosse tão fácil e fluida quanto é com as amigas. As mulheres que dizem querer parceiros capazes de diálogo mútuo frequentemente ficam intimidadas quando encontram homens que honram a subjetividade feminina. Isso pode acontecer sobretudo em interações sexuais.

Há alguns anos, escrevi um breve ensaio para a coletânea *Transforming a Rape Culture* [Transformando uma cultura do estupro], descrevendo meu medo e confusão iniciais quando tive um amante que verdadeiramente honrava meu corpo. Livre para expressar meus sentimentos sexuais, inclusive o direito de dizer "não" durante qualquer interação sexual em qualquer etapa, eu não sabia bem como me comportar. Estava muito acostumada com homens que colocavam a satisfação de seu desejo acima do bem-estar da mulher. Diferentemente de todos os outros encontros sexuais que havia tido com homens, nunca houve um momento em que eu precisasse fingir sentir algo que não sentia. Todos os meus sentimentos eram bem-vindos. Comumente, em encontros sexuais, as mulheres percebem que os homens respondem com hostilidade se elas expressam desagrado ou desconforto. Quando compartilhei com amigas a natureza de nossa interação, elas ficaram perguntando: "Tem certeza que ele não é gay?". Aprendi uma importante lição com isso. Exigimos que os homens mudem e, quando eles mudam, com frequência não estamos prontas para validar e abraçar a libertação que alegamos desejar.

Os novos homens podem dar testemunho de como o mundo ainda não está pronto para tudo o que eles têm a oferecer, porque é o comportamento deles, mais do que qualquer teoria feminista, que desafia as crenças convencionais estabelecidas sobre a natureza da masculinidade. O livro *The End of Manhood: A Book for Men of Conscience* [O fim da masculinidade: um livro para homens conscientes], de John Stoltenberg, oferece um relato honesto do processo que homens conscientes atravessam quando se recusam a desempenhar a masculinidade patriarcal. Enfatizando que esses homens aprendem a amar a justiça mais do que a masculinidade patriarcal, ele escreve: "Aprender a viver como um homem consciente significa decidir que a lealdade às pessoas que você ama é *sempre* mais importante do que qualquer lealdade remanescente que você possa sentir pelo julgamento que outros homens fazem de sua masculinidade". Na presença de homens libertos, o compromisso das mulheres com a igualdade é testado. Pessoas que veem o feminismo como um jeito de colocar as mulheres no topo se sentem tão ameaçadas por homens antissexistas quanto todo mundo. A verdadeira igualdade significa que as mulheres não têm mais o privilégio de se deixar levar pela ideia de que somos o "sexo superior" no que tange aos assuntos do coração, ao cuidado, aos atos de amor.

Repetidas vezes, ouço homens antissexistas falarem sobre os ataques que recebem de mulheres que desejam que eles sejam "dominantes, mas não dominantes demais". Esse desejo é uma expressão das expectativas confusas de muitas mulheres que temem que o novo homem não seja masculino. Enquanto nosso entendimento sobre o que significa ser masculino não se diferenciar das normas sexistas, não teremos padrões para avaliar os novos homens. Quando se pergunta às mulheres quais características elas querem encontrar num homem, elas com frequência dizem "força". Quando se pede que elas expliquem o que querem dizer com isso, geralmente reconhecem que desejam homens capazes de assumir a responsabilidade por seus atos e agir de forma decidida. Essas são características que muitas mulheres desejam possuir. São características presentes em pessoas maduras e emocionalmente saudáveis.

Abraçar a igualdade significa que todos precisamos abrir mão do apego à ideia de "diferenças de gênero". A masculinidade feminista assertiva pode ser muito parecida, na aparência e no jeito, com a autorrealização feminista das mulheres. Anos atrás, quando comecei a dar aulas de estudos sobre a mulher, quase todas as pessoas na turma eram mulheres. Aos poucos, as coisas começaram a mudar. Homens que vinham às salas de aula feministas expressavam preocupações com papéis de gênero. Eles queriam descobrir como podiam ser homens autorrealizados sem se conformar aos modelos patriarcais. Ainda não existe material suficiente para guiar e orientar os homens que buscam a libertação feminista. Com frequência, homens antissexistas se escondem a fim de fugir da pressão para se conformar às normas sexistas que os circundam. Precisamos ouvir as histórias deles para saber qual é a cara e o jeito da masculinidade liberta.

Eles são os "homens bons" que as mulheres esperam encontrar. Com eles, nenhuma mulher precisa temer a dominação ou a ameaça da violência sexual. Sua masculinidade não precisa ser provada por meio da agressão às mulheres. Oferecendo uma definição pertinente do homem bom, Silverstein e Rashbaum compartilham essa percepção: "O homem bom, como a mulher boa, será empático e forte, autônomo e conectado, responsável consigo mesmo, com sua família, com amigos e com a sociedade, e capaz de entender como essas responsabilidades são, em última análise, inseparáveis". Meu trabalho me coloca em contato com muitos homens bons.

Acredito que muito do contra-ataque antifeminista começou como um modo de oposição ao movimento de homens — jovens e velhos — em direção ao pensamento e à prática feministas. À medida que os "homens bons" antissexistas se deixarem conhecer e ouvir, as mulheres vão se afastar dos homens que são reféns na prisão do silêncio patriarcal. A cultura patriarcal não foi abalada enquanto o feminismo parecia ser uma coisa só para mulheres. Entretanto, conforme mais homens se envolveram, a revolução cultural feminista ameaçou dar fim ao patriarcado. Para rebater essa mudança esperançosa e otimista, o pensamento feminista foi e continua sendo brutalmente atacado. Porém, nenhum grau de propaganda antifeminista é capaz de mudar o fato de que o feminismo já criou um mundo onde existem novos homens que podem oferecer às mulheres o amor mútuo que desejamos. Entre esses novos homens, estão gays amorosos que são modelos a partir dos quais os homens heterossexuais podem aprender. Quando as mulheres heterossexuais procurarem por amor, precisaremos antes aceitar que nunca vamos encontrá-lo nos braços do patriarcado. Quando essa aceitação for disseminada, mais homens vão escolher a libertação.

Viajando pelo país para falar sobre amor, encontrei muitos homens que desejam ser amorosos e estão dispostos a fazer o trabalho necessário para tal. Eles têm dificuldade porque não existem estruturas de apoio suficientes em funcionamento para validar a masculinidade feminista amorosa. O caminho dos homens para o amor-próprio é tão árduo quanto o das mulheres. Geralmente, para começar essa jornada, todos nós temos de voltar à infância para refazer o trabalho de criação, para nos darmos o devido amor. Escutei os depoimentos de muitos homens adultos que tinham sido menininhos amorosos. O direito deles de conhecer o amor foi ridicularizado, alvo de deboche dos adultos. Esses homens estão trabalhando para recuperar a alegria que experimentavam quando sentiam que podiam abrir o coração e deixar os sentimentos entrarem.

Os homens que amam ainda não são tão numerosos quanto os que anseiam por amor. O espaço do anseio masculino é o espaço da possibilidade. Mulheres que amam homens e querem que eles sejam livres estão dispostas a ouvir de peito aberto o que os homens precisam dizer enquanto buscam as rotas para retornar ao amor. Estamos ávidas para ler os livros de homens que não são de Marte, que estão bem aqui nesta Terra, dando e recebendo amor. Eles podem nos oferecer uma sabedoria capaz de curar. Quando deixarem o coração falar, o diálogo do amor poderá iniciar, e a verdadeira comunhão heterossexual poderá surgir.

13.
só para mulheres: amor lésbico

Nem todas as mulheres que procuram amor estão procurando homens. O amor entre o mesmo sexo sempre foi uma realidade; cada vez mais, tem se tornado uma escolha. As lésbicas de hoje tanto nascem quanto se tornam lésbicas. Com isso, quero dizer que a crença estabelecida de que a orientação sexual já se forma na infância permanece verdadeira mesmo enquanto as experiências reais de mulheres demonstram, por meio de fatos, que também é possível escolher ser lésbica. E essa escolha pode ser feita tarde na vida. O aumento da visibilidade lésbica nos anos 1990 levou muitas mulheres que nunca tinham considerado outras mulheres como parceiras em potencial a mudar de ideia.

Foi significativo que, quando Shere Hite publicou o relatório *As mulheres e o amor: o novo relatório Hite*, ela tenha incluído uma seção sobre mulheres que amam mulheres. A informação trazida por ela que mais surpreendeu seus leitores foi a de que muitas mulheres que tinham vivido a maior parte da vida como heterossexuais estavam, na meia-idade, escolhendo se relacionar com mulheres. Muitas declararam encontrar, nos vínculos com outras mulheres, um nível de conexão íntima que nunca tiveram com homens. Lindsy van Gelder, coautora de *The Girls Next Door: Into the Heart of Lesbian America* [As garotas da casa ao lado: no coração da América lésbica], "confessa" abertamente que "era alegremente heterossexual". Embora apreciasse fazer sexo com homens, ela via que "os caras na minha vida eram com frequência emocionalmente decepcionantes". No começo do movimento feminista contemporâneo, grupos de conscientização eram o lugar onde lésbicas vinham falar sobre sua vida com mulheres heterossexuais. Foi ali que muitas heterossexuais foram solicitadas pela primeira vez a explicar por que mulheres decepcionadas com homens não buscavam em outras mulheres a satisfação de seus desejos. Van Gelder relembra: "Era especialmente difícil vislumbrar todas as qualidades que amávamos nas nossas amizades femininas — compreensão, tranquilidade, intimidade — em um relacionamento sexual tórrido". Casada e monogâmica, ela levou anos para se permitir experimentar o amor entre o mesmo sexo e enfim escolher a lesbianidade — uma escolha que ela celebra com todo o coração.

Como Van Gelder, eu tinha dezenove anos quando, pela primeira vez, tive confrontos com lésbicas por causa da minha escolha de estar com homens. Ao contrário da maioria das mulheres que encontrava em reuniões feministas, eu estava acostumada a estar entre mulheres. Por ter crescido com cinco irmãs, estava constantemente ciente da sexualidade feminina e do medo que nossa cultura tem da união feminina. Sempre que fazíamos amizade na escola e dizíamos que éramos em seis, as outras crianças faziam sons assustadores e agiam como se nossa casa fosse cheia de monstros. Os adultos agiam de modo ainda mais negativo quando ouviam a descrição de nossa família: seis meninas, nosso irmão, mamãe e papai. Repetidas vezes, quando meninas, ouvimos pessoas expressarem solidariedade ao nosso pai e nosso irmão por terem de viver com todas essas mulheres.

Muito antes de entender a natureza do sexismo, essas reações me fizeram entender que mulheres reunidas em grupos eram ameaçadoras. Por trás dessas insinuações sobre o perigo de um lar dominado por mulheres estava a suposição de que uma só mulher já é "problema" suficiente. Mulheres, aprendemos na nossa igreja, eram as portadoras do mal. Quanto mais mulheres reunidas, maior a possibilidade de pecado e perversão, ou era isso que os estereótipos sexistas alertavam. Mas sabíamos por experiência própria que mulheres reunidas podiam construir lares baseados em compartilhamento e reciprocidade, prazer e contentamento, lares onde a condição das mulheres estava no centro e tinha importância. Talvez porque houvesse tantas de nós, meninas, supunha-se que, assim como nas escolas só para meninas ou nas faculdades exclusivas para mulheres, certamente haveria uma lésbica entre nós. Ou, como os meninos com frequência insinuavam, talvez minhas irmãs e eu fôssemos todas lésbicas.

Criada nessa atmosfera, sempre entendi que a lesbianidade era uma escolha que as mulheres podiam fazer. Na nossa pequena cidade, as mulheres sabidamente lésbicas em geral eram casadas. Embora algumas pessoas fofocassem sobre o comportamento delas e outras as evitassem, nossa mãe falava dessas mulheres como se elas fossem intrigantes e fascinantes. Quando entrei na faculdade e me atirei de cabeça no movimento feminista, não me sentia ameaçada quando me questionavam sobre meus relacionamentos com homens. Não tinha medo de estar em grupos de mulheres. E a ideia de mulheres amarem mulheres fazia todo sentido para mim. Por todos os lados havia moças que tinham medo de participar dos grupos só de mulheres. Algumas delas temiam que, apenas por associação, poderiam "se tornar" lésbicas. Agora, quase trinta anos depois, vejo que tinham razão em supor que, quanto mais nos despimos do pensamento sexista, quanto mais abandonamos nossa heteronormatividade (isto é, a crença de que mulheres e homens acasalarem uns com os outros é algo "natural", e não uma prática culturalmente aprendida), maior será a probabilidade de vermos mulheres como parceiras em potencial.

Em *The Girls Next Door*, Lindsy van Gelder e Pamela Brandt não exploraram com profundidade as razões pelas quais a lesbianidade entrou mais na moda nos anos 1990 e virou uma escolha que qualquer mulher liberta interessante podia considerar — se não se tornar lésbica, pelo menos ter um caso com uma mulher. Entretanto, elas explicavam o fenômeno pela "debandada das heterossexuais que, exaustas da aids, dos estupros em encontros, do assédio sexual e tudo mais, estavam investigando novas abordagens de sexo e romance". Outra razão que elas oferecem parece mais plausível: à medida que mais lésbicas falavam sobre a natureza significativa de sua vida amorosa, mais mulheres heterossexuais, especialmente as que viviam sozinhas na meia-idade, eram seduzidas por imagens e histórias de felicidade nos relacionamentos. Van Gelder e Brandt entendiam assim:

> As lésbicas com frequência têm o hábito de se apaixonar umas pelas outras mesmo quando somos velhas, gordas, "não femininas" ou inteligentes em excesso. O mundo social lésbico é moldado pelo fato de que somos todas mulheres, o gênero cujo estereótipo — não totalmente infundado — é cuidar, conectar-se e querer falar eter-

namente sobre como nos sentimos. Mesmo quando a vida pessoal está difícil, não é porque uma de nós é de Marte e a outra de Vênus.

O *Relatório Hite* chamou a atenção para o fato de que mais de 90% das mulheres heterossexuais consideram decepcionantes os relacionamentos emocionais com homens por causa da recusa masculina em compartilhar pensamentos e sentimentos. As lésbicas entrevistadas para a pesquisa afirmaram considerar seus relacionamentos satisfatórios porque havia uma consistente comunicação mútua.

Qualquer mulher — homo, hétero ou bissexual — vivendo com, perto e/ou entre lésbicas sabe que existe tanto conflito e atrito nessas relações quanto nos relacionamentos heterossexuais. Na maioria dos casos, é a reação a esses atritos que é diferente. E, em outros casos, sobretudo aqueles em que os papéis das mulheres envolvidas na relação espelham os papéis de gênero sexistas convencionais, conflitos e atritos podem causar reações que se assemelham às — ao invés de se diferenciarem das — relações heterossexuais. Sem romantizar vínculos lésbicos de modo raso ou superficial, podemos reconhecer que as mulheres que amam outras mulheres pela primeira vez na meia-idade frequentemente consideram esses relacionamentos mais satisfatórios do que os laços que outrora mantinham com homens.

Certamente, entre jovens mulheres, em especial as estudantes que encontro, experimentar relacionamentos com os dois gêneros é quase a norma. Um episódio da famosa série televisiva *Sex and the City* girava em torno da decisão de Samantha, a mais velha, mais sexualmente confiante e mais desinibida entre as quatro personagens, de ter um envolvimento romântico com uma linda artista. Samantha compartilha com suas amigas que experimentara sexo com outra mulher na época da faculdade. O fato de esse programa ser exibido na televisão é por si só um exemplo de quanta mudança cultural houve. Assim como *Ellen*, sitcom exibida no horário nobre e bastante popular entre 1994 e 1998, esses programas desafiam o pensamento sexista convencional a respeito da agência sexual feminina.

No *Relatório Hite*, as mulheres declararam que o desejo de conhecer o amor num contexto de igualdade era a base que estimulava seu interesse em casos e relacionamentos com o mesmo sexo. É importante notar que as mulheres que fazem novas escolhas afetivas na meia-idade provavelmente aprenderam por experiência própria o que evitar. Quando chegamos na meia-idade, muitas mulheres simplesmente não estão interessadas em disputas de poder com gênero algum. O *Relatório Hite* incluía uma seção que apresentava a pergunta: "Os relacionamentos amorosos entre mulheres são diferentes?". Uma mulher disse:

> Pessoas no movimento feminista disseram que o problema dos relacionamentos é que os homens são muito machos, quer dizer, nunca pedem desculpas e não fazem perguntas sobre sentimentos. [...] Os melhores tipos de relacionamentos são os homossexuais, especialmente entre mulheres. Eles têm as melhores chances de funcionar: são mais igualitários, e o tempo passado juntas é de melhor qualidade. Mas, mesmo com tudo isso a favor, é impossível que não surjam desentendimentos entre o casal. O que você aprende é a negociar esses desentendimentos e a tentar se manter como equipe de qualquer forma. As mulheres entendem isso melhor, o conceito de equipe.

Não conheço nenhum estudo que analise as diferenças de expectativas e de satisfação nos relacionamentos entre mulheres que escolheram a lesbianidade após anos de heterossexualidade e mulheres que sempre foram lésbicas. É bem possível que mulheres em busca de amor com outras mulheres entrem nesses relacionamentos com a expectativa de encontrar mais compartilhamento e proximidade emocional e consigam o que querem em parte porque estão determinadas a cultivar essas coisas e acreditam que isso seja possível.

Quando eu era uma jovem feminista, abraçar totalmente a ideia de que poderia escolher me unir a uma mulher ou a um homem me dava uma sensação de poder pessoal. Eu me sentia livre da obrigação heteronormativa de fazer o amor acontecer com um homem. Eu não tinha mais a sensação de ansiedade e pânico para encontrar um parceiro que sentia quando considerava prioritariamente os homens como parceiros em potencial. Em grupos de conscientização, com frequência falamos sobre mulheres não lésbicas escolhendo ampliar seu escopo de desejo para incluir mulheres como um ato de resistência, um ato que nos deixaria menos vulneráveis a sermos cooptadas por homens. As lésbicas entre nós apoiavam esse pensamento porque confiavam que, se escolhêssemos ser mulheres com mulheres, seríamos mais felizes. Lésbicas separatistas estavam convencidas de que nenhuma feminista de verdade podia continuar heterossexual, como dizia o famoso lema "Feminismo é a teoria, e lesbianidade é a prática". A ironia dessa declaração era que um grande número de lésbicas não tinha um interesse maior pelo feminismo do que suas colegas heterossexuais.

As obras de pensadoras lésbicas feministas sérias geralmente desfaziam as imagens utópicas do estilo de vida gay. Diante da pergunta sobre se uma "verdadeira feminista tem de se tornar lésbica", em *Fugitive Information* [Informações fugidias], Kay Hagan sabiamente responde:

> Lésbicas não são necessariamente mais feministas do que mulheres heterossexuais; na verdade, elas podem não ser nem um pouco feministas. Como previamente enfatizado, ninguém escapa da iniciação no paradigma de dominante/subordinado imposto pela supremacia masculina. Lésbicas também precisam se esforçar muito para criar outras maneiras de estar em relacionamentos. Evitar os homens não elimina a opressão internalizada nem a obediência inconsciente a valores opressivos.

As lésbicas ativas no movimento feminista estavam mais prontamente conscientes do fato de que os homens patriarcais não tratariam bem as mulheres que desafiavam as normas sexistas, assim como estavam mais cientes de que a sororidade não significaria o fim dos conflitos entre mulheres.

Lésbicas não feministas estavam muito mais propensas a expressar o mesmo pessimismo que expressavam as mulheres heterossexuais a respeito de relacionamentos. No diário de May Sarton sobre seu 66º ano, ela responde à pergunta de uma moça sobre se é melhor estar com mulheres do que com homens com um alerta para que ela se lembre de que não importa o gênero da pessoa com quem vai se relacionar, pois é o compromisso com o amor que determina o resultado do relacionamento. Sarton diz: "Eu entendo bem que você se sinta atraída por mulheres, ainda mais na sua idade; é muito mais fácil em todos os sentidos ter uma mulher como amante do que um homem. E talvez não seja um jeito ruim de se chegar a entender o amor... de chegar a amar seu corpo e apreciar tudo o que ele pode sentir e lhe dar e dar a outra pessoa". Alertando-a para que não feche a porta para relacionamentos com homens, ela diz: "Eu sei que não quer ouvir isso, mas devo ser honesta com você. Não quero que minha influência restrinja minhas jovens amigas, mas que abra caminhos para elas". Com sabedoria, Sarton enfatiza o valor do compromisso e diz à sua jovem leitora: "Se você realmente ama uma mulher, então fique com ela e construa uma vida com ela. Mas uma vida de pura autoindulgência não vai dar certo, porque ela não é capaz de saciar seus apetites profundos". Claramente, as mulheres em busca de amor precisam estar cientes e atentas a seus desejos e anseios verdadeiros. Muitas mulheres lésbicas já tiveram o coração partido por uma mulher heterossexual que estava apenas procurando uma nova aventura.

Escrito no início dos anos 1980, esse conselho parece especialmente previdente considerando-se quantas jovens hoje tentam entender a natureza de seus anseios mais autênticos e, em busca de relacionamentos satisfatórios, escolhem ter envolvimentos tanto com homens quanto com mulheres. Embora possa ofender a sensibilidade de lésbicas "puristas" que odeiam a ideia de mulheres se aventurando em relacionamentos "lésbicos" sem firmar compromisso, o desejo de jovens mulheres de explorar uma gama de relacionamentos é uma resistência à heteronormatividade e ao pensamento patriarcal e um desafio à homofobia. Não importa a escolha que essas moças façam — no fim das contas, elas estão exercendo a liberdade de explorar, aprender e escolher, e isso é um triunfo de poder pessoal.

A liberdade que as jovens têm para escolher parceiras mulheres sem sentir vergonha lhes foi dada pelas lutas pregressas pelo fim do sexismo e da homofobia. Essa decisão de explorar opções variadas geralmente vem do questionamento do patriarcado e da dominação masculina e do desejo de ter relacionamentos diferentes daqueles que testemunharam entre as gerações mais velhas. Mulheres que amam mulheres e escolhem paradigmas de mutualidade e reciprocidade, ao invés de dominação e subordinação, estão agindo em resistência a tudo que aprenderam sobre a natureza do romance. Geralmente, essa força para resistir foi forjada em movimentos políticos radicais em prol de justiça social ou pelo esforço de fazer as pazes com a infelicidade em outros relacionamentos.

As lésbicas não são mais socializadas na arte de amar do que qualquer outro grupo de pessoas na nossa sociedade. Uma vez que a linha que separa uma mulher lésbica de uma hétero tem sido e continua a ser uma divisória sexual, a sexualidade com frequência é mais discutida do que as questões de amor quando o tópico é homoafetividade. Quando o amor é abordado, fica evidente que as lésbicas, assim como heterossexuais e bissexuais, estão se esforçando para entender o que as mulheres queremos dizer quando falamos sobre amar. Relacionamentos entre mulheres têm sido afetados pelas feridas causadas pelo desrespeito e pela traição comuns aos laços numa cultura de dominação. Lésbicas, como todas as mulheres, vêm de famílias nas quais a norma era o comportamento disfuncional gerado por dominação e vícios e pelos diversos abusos e violências que deixam em seu rastro. Os hábitos adquiridos nessas circunstâncias moldaram o comportamento adulto, incluindo as práticas afetivas. Quando se adiciona a essa realidade o esforço de se praticar o amor-próprio perante a homofobia, a luta para amar é tão rigorosa e intensa para as mulheres lésbicas quanto para qualquer outra pessoa criada nessa cultura, ou talvez mais. O ensaio "Where Is the Love?" [Onde está o amor?], de June Jordan, nos relembra que "é sempre o amor que levará a ação a novos lugares positivos" e que esse amor só existe quando temos uma base sólida de amor-próprio. Preocupada em diferenciar questões de sexualidade da prática do amor, Jordan adverte:

> Não posso ser convencida de que um tipo de sexualidade, ao contrário de outras, vai necessariamente fornecer mais felicidade para as duas pessoas envolvidas. Não estou falando de sexualidade. Estou falando de amor, de cuidado e respeito profundos e estáveis com relação a todos os outros seres humanos, um amor que só pode se originar de um amor-próprio sólido e positivo.

Todas as mulheres devem trabalhar a arte de amar.

Essencial para esse trabalho é o compromisso com a honestidade. O livro *The Dance of Deception*, de Harriet Lerner, é um dos poucos trabalhos que falam sobre como aprender a feminilidade como fingimento frequentemente afasta as mulheres do que nós de fato sentimos e sabemos ser verdade. Esse comportamento adquirido de fingimento frequentemente impede as mulheres de conhecer seu eu interior. Em vez de se moverem para dentro, elas sofrem para agradar, tornando-se o que os outros querem que sejam. Enquanto todas as mulheres não reconhecerem os danos causados a si mesmas e a outras quando estamos viciadas em fingir, não seremos capazes de progredir no caminho para o amor. Contar a verdade nos permite superar o fingimento e as falsas aparências. Adrienne Rich sugere em *Women and Honor: Some Notes on Lying* [Mulheres e honra: algumas notas sobre mentir] que, em relacionamentos honrosos, os casais têm "o direito de usar a palavra 'amor' apenas quando firmam o compromisso de dizer a verdade e quando se forçam a lembrar: é importante fazer isso porque assim o isolamento e a autoilusão humana se rompem. É importante fazer isso porque assim fazemos justiça à nossa própria complexidade". Por fim, ela escreve: "Podemos contar com pouquíssimas pessoas para trilhar esse caminho conosco". É empolgante que, mais do que nunca, mulheres encontrem mulheres que estejam dispostas a embarcar na jornada do amor — que estejam dispostas a fazer o trabalho do amor. Quando esse trabalho for feito, June Jordan declara, "saberemos exatamente onde está o amor: ele está aqui, entre nós, e crescendo cada vez mais e mais forte".

14.
amor duradouro: amizades românticas

Amizades longas e profundas são o lugar onde muitas mulheres conhecem o amor duradouro. Mulheres resolutamente heterossexuais podem passar a vida inteira sem sentir o amor verdadeiro ao lado de um homem. A maior tragédia do casamento dentro da cultura patriarcal não é o alto número de divórcios, mas o fato de que um número ainda maior de casais permanecem juntos sem sentir que se amam. Muitas vezes, quando converso sobre relacionamentos com mulheres amorosas que estão envelhecendo, escuto nossas palavras sobre como é preferível a solidão oriunda do desenvolvimento do amor-próprio e da autorrealização à solidão de estar em um relacionamento no qual o amor não está presente. Como uma menina de tradição cristã, aprendi a ponderar sobre o provérbio que nos alerta que "mais vale um prato de hortaliças servido com amor que um boi cevado acompanhado de ódio". A solidão por escolha é sempre preferível à solidão imposta.

Em *Tudo sobre o amor*, enfatizei que muitas de nós não aprendem a amar no contexto familiar nem em relacionamentos românticos, mas no contexto da amizade. Infelizmente, noções sexistas de romance, que normalizam a dominação, com frequência impedem mulheres e homens de aprender a amar. Particularmente, homens subordinados e mulheres muitas vezes aceitam todas as formas de abuso em parcerias românticas, comportamentos que eles considerariam inaceitáveis mesmo na mais casual das amizades. Não surpreende, então, que, como mulheres independentes, sobretudo solteiras, ao praticar a arte de amar da meia-idade em diante, com frequência damos um valor renovado às amizades tanto com mulheres quanto com homens que nos permitem mergulhar no amor e conhecer o amor verdadeiro em relacionamentos, mesmo que não o tenhamos encontrado em parcerias românticas.

Na era vitoriana, existiam amizades românticas entre amigos do mesmo sexo, bem como entre uma pessoa homossexual e outra do sexo oposto. Essas amizades românticas não tinham envolvimento sexual, mas eram ricas em paixão erótica. Paixão erótica não sexual é algo que não faz muito sentido no mundo de hoje. Atualmente, a suposição é a de que existe alguma coisa errada se um homem ou uma mulher sentem uma intensa conexão erótica com alguém e não permitem que esse eros leve à relação sexual. Amizades românticas diferem de outras formas de amizade precisamente porque as partes envolvidas reconhecem que existe uma dimensão erótica em seu vínculo passional e reconhecem que ela age como uma força energética, intensificando e aprofundando os laços.

Conforme as mulheres chegam ao amor na meia-idade, muitas de nós reconhecem que talvez desejemos laços íntimos profundos e duradouros de comunhão no amor que não sejam sexuais. E, ainda assim, queremos que esses laços sejam compromissos valorizados e honrados, que nos enlacem tão profundamente quanto votos de casamento. Em consonância com o espírito das amizades românticas, mulheres estão escolhendo construir parcerias para a vida inteira ou firmar compromissos com pessoas com quem elas nunca moraram ou com quem moraram apenas por um tempo. Às vezes, as amizades românticas entre pessoas que vivem juntas são alteradas quando uma das partes se apaixona e firma uma união romântica com outro alguém. Assim, tal como acontecia no século XIX, esses laços se modificam, mas não precisam ser rompidos.

Quando saí da minha primeira união estável de longo prazo, eu sabia que nunca mais buscaria uma parceria amorosa com apenas uma pessoa — sabia com todo o meu coração que é melhor ter um círculo amoroso com laços comprometidos que se estendem para além de uma parceria privilegiada. Enquanto meu primeiro parceiro se sentia ameaçado por minhas profundas amizades românticas, meu parceiro seguinte entendia completamente a importância de manter laços comprometidos de amor nessas amizades. Muitas amizades românticas duradouras entre mulheres se rompem quando uma delas encontra um parceiro ou se casa. Isso acontece sobretudo quando a mulher não tem consciência feminista. Por meio da conversão feminista, muitas de nós aprendemos a colocar tanto valor em nossos laços com as amigas quanto nas parcerias com homens, a valorizar nossos laços não sexuais com amigos homens tanto quanto valorizamos aqueles que são sexuais. Essa conscientização deve ocorrer continuamente enquanto o patriarcado existir, pois ensina meninas e mulheres a valorizarmos integralmente nossos laços umas com as outras, a valorizarmos igualmente todos os laços profundos.

Em uma cultura homofóbica, a intimidade profunda e não sexual entre o mesmo sexo é muitas vezes vista com suspeita tanto por pessoas hétero quanto homossexuais. Por essa razão, mulheres que compartilham amizades românticas não sexuais com mulheres têm tido mais dificuldade de falar abertamente sobre esses laços. Quando as minhas amizades românticas (sejam com uma mulher ou com um homem) se tornam mais visíveis para amigos e conhecidos, eles com frequência tentam insinuar que estamos apenas reprimindo nosso desejo sexual. Simplesmente não é esse o caso. Estamos fazendo uma escolha confortável de usar o eros como base de fortalecimento de uma amizade comprometida. Podemos trocar votos de compromisso que consideramos tão importantes de honrar quanto aqueles que trocamos com parceiros românticos com quem nos relacionamos sexualmente.

Com frequência, mulheres estabelecem laços profundos de amor com homens gays. Duradouros, de longo prazo, esses compromissos melhoram a vida de ambos. Na cultura patriarcal heteronormativa, os únicos compromissos considerados verdadeiramente aceitáveis e dignos são aqueles entre mulheres e homens hétero que se casam. Embora o movimento feminista e o movimento pelos direitos dos homossexuais tenham mudado um pouco esse quadro, ainda é difícil que parcerias não sexuais recebam o respeito que é automaticamente dado a relacionamentos heterossexuais. Uma amizade romântica longeva pode não ser considerada tão importante quanto uma parceria romântica sexualizada que termina em poucos anos.

Amizades românticas são uma ameaça ao patriarcado e à heteronormatividade porque contestam fundamentalmente a suposição de que ter uma relação sexual com alguém é essencial para todos os laços íntimos significativos e duradouros. Na verdade, muitas pessoas em casamentos e parcerias longas não fazem sexo; a portas fechadas, esses relacionamentos podem ser similares, se não iguais, às amizades românticas. Muitas mulheres solteiras heterossexuais perdem tempo com relacionamentos nos quais elas não se sentem amadas pelos parceiros nem realizadas, e vivenciam um momento de despertar crítico na meia-idade, quando começam a fazer o trabalho do amor-próprio. E o resultado desse trabalho é com frequência o reconhecimento de que prefeririam ficar sozinhas a permanecer em parcerias insatisfatórias. Também muitas de nós não conseguem conhecer homens com quem queiram formar parcerias comprometidas. Encontrar um homem para ficar é muito mais fácil do que encontrar um homem que possa ser um parceiro amoroso.

No perspicaz livro de autoajuda *Are You the One for Me?* [Você é a pessoa certa para mim?], de Barbara de Angelis, ela lista características que deveríamos procurar num parceiro: "comprometimento com crescimento pessoal, abertura emocional, integridade, maturidade e responsabilidade, alta autoestima e atitude positiva com relação à vida". Nas minhas conversas e entrevistas, era raro que alguma mulher reconhecesse ter encontrado pelo menos uma ou duas dessas qualidades em parceiros românticos. A maioria de nós tinha encontrado essas qualidades em amizades comprometidas para a vida inteira, sobretudo amizades românticas. Nunca é demais enfatizar como a cultura patriarcal e a dominação patriarcal sobre a psique dos homens incentivam a maioria deles a não desenvolver essas características. Não é surpreendente que mulheres heterossexuais que possuem essas características, que estão prontas para relacionamentos amorosos saudáveis e maduros, geralmente sintam que não conseguem encontrar parceiros amorosos.

Essa busca por amor frequentemente conduz a uma grande solidão. Madonna Kolbenschlag, em *Lost in the Land of Oz*, declara: "Se a feminilização da pobreza é uma realidade dos nossos tempos, também o é a feminilização da solidão". Isso ecoa as percepções compartilhadas por Louise Bernikow em seu livro *Alone in America* [Sozinha nos Estados Unidos], chamando a atenção para o fato de que as mulheres se sentem muito mais sozinhas que os homens em parte porque "a qualidade de relacionamentos que satisfazia a maioria dos homens com quem eu falava deixava as mulheres insatisfeitas". Kolbenschlag comenta que

uma mulher que me procurou para aconselhamento explodiu no meu escritório. Ela atacava com ódio o destino [...] tudo que a tinha feito nascer nesta era. Lamentava o fato de que tantas mulheres, como ela mesma, estavam presas numa "distorção do mito", condenadas a nunca encontrar um companheiro para a vida porque essa geração é incapaz de produzir o homem evoluído de que a consciência transformada de uma mulher precisa e espera.

Nossa geração produziu homens progressistas, alguns dos quais aprenderam a amar e conseguem estabelecer parcerias saudáveis, mas são poucos. Muitos homens, sobretudo aqueles com mais de quarenta anos, ainda estão tentando voltar no tempo e permanecer em estado de desenvolvimento suspenso. Esses são os homens que não têm as características que De Angelis incentiva as mulheres a procurar num parceiro em potencial.

Muitas mulheres amorosas, progressistas e liberadas nunca imaginaram que algum dia rejeitaríamos homens como parceiros porque veríamos com muita clareza que eles não estão — e talvez nunca estejam — prontos para relacionamentos maduros e saudáveis. Terapias de esclarecimento e todo o tipo de livro de autoajuda criaram uma consciência das disfunções na família e em relacionamentos. Sem querer repetir erros passados, muitas mulheres procuraram religiosamente orientação para que possamos alicerçar nossa existência em paz, compaixão e amor. Para realizar esse desejo, muitas de nós criaram uma versão do "casamento de Boston",[13] cultivando amizades românticas nas quais diariamente vivemos o amor verdadeiro. Muitas escolhem conscientemente esses relacionamentos na meia-idade, quando reconhecem que não querem os laços que os homens heterossexuais oferecem.

Certamente, ouvimos falar mais da falta de homens disponíveis do que sobre a imensa quantidade de homens que as mulheres dispensam por serem tão emocionalmente travados a ponto de ser impossível conversar com eles, que dirá manter um relacionamento de longo prazo. É verdade que a maioria das mulheres heterossexuais tenta repetidas vezes persuadir os homens a fazer o trabalho de autocura e amor-próprio para que a promessa de amor verdadeiro possa ser cumprida, mas a maioria deles simplesmente está confortável com o status quo ou não dispõe da coragem para atravessar a dor até chegar ao espaço de cura que os permitiria ser adultos maduros e amorosos. Crescer

---

13. "Casamento de Boston" foi uma expressão utilizada comumente na Inglaterra do fim do século XIX e início do XX para designar o relacionamento entre duas mulheres abastadas que moravam juntas sem depender financeiramente de homem algum. O nome é uma referência ao romance *The Bostonians*, de Henry James, publicado em 1886, que descreve uma relação dessa natureza. [N.T.]

geralmente significa passar por sofrimento, e muitos homens querem evitar dor emocional a qualquer custo.

Em amizades românticas profundas e duradouras, o compromisso com crescimento pessoal é o básico. O trabalho de cura é compartilhado, assim como a dor e a alegria. Mais do que nunca na história, jovens mulheres entendem melhor os obstáculos que enfrentarão procurando amor em laços heterossexuais. Embora não tenham abandonado as esperanças, elas estão mais conscientes da necessidade de criar vínculos variados. Recentemente, a revista *Ms.* publicou um artigo escrito por Pagan Kennedy, "So... Are You Two Together?" [Então... você duas estão juntas?], sobre duas mulheres com um compromisso de amizade que estão construindo uma vida juntas. Kennedy escreve: "Nesse ano e meio que moramos juntas, tenho sofrido com a falta de nome para a nossa situação. As palavras oferecem acolhimento. Elas ajudam o amor a continuar. Eu queria uma palavra dentro da qual duas amigas pudessem morar". Kennedy pode aprender com as mulheres que criaram laços duradouros em amizades comprometidas.

Apesar de Kennedy brincar com a expressão "casamento platônico" para descrever a natureza do seu compromisso, esses novos laços progressistas não são baseados em valores que a maioria das pessoas coloca no casamento dentro da cultura patriarcal, e aplicar esse termo parece desvalorizar o significado desses laços. Gosto mais do termo usado por uma das entrevistadas, que chamou seu relacionamento de laço "intencional". Ao descrever esse relacionamento, Kennedy diz: "As duas amigas de colégio, ambas mulheres heterossexuais com trinta e poucos anos, se mudaram juntas para Boston cinco anos atrás, sabendo que dividiriam um apartamento e a vida. Ainda assim, as duas deixaram o futuro em aberto, e as promessas que elas fizeram uma à outra são cheias de *e se*". Os *e se* têm a ver com a possibilidade de uma ou as duas se casarem com outras pessoas.

É importante notar que amizades românticas podem coexistir com os casamentos das parceiras, porque a razão para estarem juntas não é substituir o matrimônio, mas abrir a possibilidade de um amor verdadeiro, comprometido e duradouro entre amigas e amigos, e não apenas amigas do mesmo sexo. Não importa que nossos relacionamentos mudem. Aquelas de nós envolvidas em amizades românticas de longo prazo, algumas mais duradouras do que qualquer casamento ou parceria, não temem que esses compromissos se enfraqueçam se criarmos outros laços primordiais. Nosso objetivo é criar vínculos dentro de um círculo de amor, de afetos profundos e duradouros que sejam mais inclusivos do que excludentes. Meu parceiro que, de peito aberto, validava os laços primários que eu havia firmado com outras pessoas antes de conhecê-lo nunca tentou romper esses laços nem participar deles. Se ele queria estar conosco às vezes, tudo bem, mas também estava tudo bem se ele não se interessasse por cultivar laços próximos com as minhas amizades.

Se as mulheres mais jovens entenderem as amizades românticas apenas como substitutas dos relacionamentos "reais" que esperam encontrar no futuro, esses laços serão carregados de risco emocional e da constante probabilidade de traição. A maioria das mulheres na cultura patriarcal já passou pela mágoa de perder proximidade com uma amiga quando ela encontra um homem para si. Uma vez que a aliança feminina com os homens sustenta a heteronormatividade, a maioria dos homens exige ser o único laço primordial que a parceira vai cultivar com carinho. Idealmente, quando mulheres e homens têm a consciência feminista que lhes permite romper com o pensamento patriarcal sobre romance, e com a ideia de que deve haver uma parte dominante e uma parte submissa, eles podem honrar os laços de amor que mantêm um com o outro e com qualquer outra pessoa.

Pagan Kennedy expressivamente declara: "Comecei a pensar em compromisso como algo além de um contrato de casamento". Ela acrescenta: "Não temos certeza de como nos referir a nós mesmas. Não temos datas comemorativas. Não sabemos o que o futuro nos guarda. Temos só amor e a história que estamos inventando juntas". Podemos imaginar que ela diria "temos só amor" se estivesse se referindo a um relacionamento comprometido com o parceiro dos seus sonhos? Da perspectiva da meia-idade, muitas mulheres podem assegurar que o amor duradouro importa, tanto se o conhecemos primeiro — ou apenas — em amizades românticas quanto se o conhecemos também — ou apenas — em laços amorosos de uniões não platônicas.

O amor duradouro é vital porque nos dá autoconhecimento de maneiras diferentes em relacionamentos estáveis dentro dos quais testemunhamos mudanças ao longo do tempo. Não podemos realmente nos arriscar emocionalmente em relacionamentos nos quais não nos sentimos seguras. O compromisso é a base que nos permite cometer erros, receber perdão e tentar de novo. Estranhamente, Pagan Kennedy parecia imaginar, a princípio, que ela e sua amiga estavam criando um relacionamento cujo caminho não tinha sido mapeado. Embora tenha voltado no tempo para descobrir o valor da amizade romântica na sociedade do século xix, ela não fez referência aos relatos de mulheres que agora estão na meia-idade ou envelhecendo, e que oferecem provas da estabilidade e do carinho duradouro de tais laços. Ela nunca usa o termo "amizade romântica", que é o nome existente para definir os laços que descreve. As pessoas podem ter medo desse termo, porque "romântico", na cultura patriarcal, sempre evoca a possibilidade de atividade sexual.

Se mulheres de todas as idades abraçarem o termo "amizade romântica", abriremos um espaço onde poderemos desenvolver laços primordiais em relacionamentos platônicos que sejam constantes, comprometidos e capazes de durar a vida inteira. Esses relacionamentos garantem que a mulher que não encontra um parceiro perfeito tenha a chance de conhecer o amor verdadeiro e duradouro. E, no fim das contas, é esse amor que nos sustenta e dá significado à vida.

15.
testemunhos de amor: entre gerações

Mulheres que escolhem amar precisam ser sábias, ousadas e corajosas. Ao nosso redor, a cultura da falta de amor debocha da nossa busca pelo amor. É necessário ter sabedoria se quisermos recolocar o amor em seu devido lugar de jornada heroica, árdua, difícil — algo mais vital para a sobrevivência e o desenvolvimento humanos no planeta Terra do que sair à caça de dragões mitológicos, devastar e conquistar outros com guerras ou qualquer outra forma de violência bélica. É preciso sabedoria se quisermos exigir que nossa cultura reconheça a jornada para o amor como uma aventura arriscada, emocionante, transformadora, mágica e grandiosa.

Como mulheres sábias e amorosas, nosso presente para as garotas de todas as idades é compartilhar tudo que aprendemos no nosso caminho até o amor. Eu digo "garotas de todas as idades" porque, assim como o patriarcado disfuncional há gerações incentiva os homens a permanecerem como adolescentes emocionalmente incapazes, existe uma nova classe de moças (o tipo de mulher representada em *Ally McBeal* e *Sex and the City*) que também estão sendo incentivadas a permanecerem num estado de desenvolvimento suspenso, a serem emocionalmente subdesenvolvidas, adolescentes para sempre. A recente versão cinematográfica de *As Panteras* (2000) oferece um retrato fílmico perfeito dessa síndrome. No mundo do trabalho, no papel de bem remuneradas "empregadas" de Charlie, o homem patriarcal dos bastidores, as panteras se comportam como iguais ou superiores aos homens, seja em habilidades intelectuais ou estratégias assassinas (elas matam de modo tão frio, brutal e rápido quanto qualquer machão), mas, quando se trata de romance, de *amor*, elas hesitam e dão risadinhas como meninas. Elas perdem a cabeça e a perspectiva. Comportar-se como adolescentes subdesenvolvidas é o apelo sexual que garante que as panteras receberão a desejada atenção patriarcal de homens adultos. Essas imagens passam a mensagem de que ser uma mulher adulta emocionalmente saudável é ser indesejável.

Na vida real, mulheres que se comportam como garotas emocionalmente subdesenvolvidas (mesmo que estejam fingindo), quando envelhecem, são frequentemente abandonadas pelos homens que precisam da presença de uma mulher jovem e/ou infantil para se sentirem poderosos, potentes e no controle. Infelizmente, a lição mais difícil aprendida por muitas mulheres que ficam dos vinte aos trinta e poucos anos agindo como adolescentes para conquistar a atenção e a preferência masculina é que o envelhecimento físico com frequência leva os homens a se afastarem, não importa quanto o comportamento e a aparência delas sejam de menininha.

Mulheres mais velhas e sábias que amam oferecem às gerações mais novas uma experiência de vida maturada em mágoas, sofrimentos, erros — todas as boas e velhas experiências cotidianas que nos ajudaram (e, sim, às vezes nos forçaram) a nos tornar mais cientes das armadilhas que precisamos observar, evitar e eliminar se quisermos amar e ser amadas. Quando vejo a baixa autoestima, a falta de amor-próprio de jovens mulheres brilhantes entre os vinte e trinta e poucos anos, dentro das melhores instituições de ensino dos Estados Unidos, mulheres que se tornaram adultas na época de maior igualdade educacional e de gênero que nossa nação jamais viveu, mulheres que tiveram o benefício do pensamento, do movimento e das conquistas feministas, fica ainda mais evidente que existe um problema grave em algum lugar, uma falha de pensamento e percepção.

Quando assisti pela primeira vez à versão cinematográfica de *As Panteras*, tudo que eu conseguia pensar era como estava feliz por ter mais de quarenta anos e não receber ordens culturais me dizendo que preciso ser uma supermulher no mundo, uma menininha em casa e ter o corpo firme de uma atleta olímpica enquanto mantenho a habilidade de me jogar submissamente aos pés de um simbólico pai todo-poderoso chamado Charlie. As contradições nessa mensagem são evidentes. Não surpreende, então, que tenhamos uma nação de mulheres entre vinte e trinta e poucos anos viciadas em antidepressivos, com raiva do feminismo e uma baixa autoestima incapacitante. Nenhum ser humano consegue estar à altura dos padrões que a cultura de massa estabelece. Estresse e depressão que geram risco de morte são fatores primordiais enquanto elas lutam para ser melhores do que os homens no trabalho — apenas para provar que elas são iguais — e ao mesmo tempo brigam com o desenvolvimento emocional e o medo de ficarem sozinhas.

Quando dei palestras e oficinas sobre meu livro *Tudo sobre o amor*, a única coisa que esse grupo de jovens mulheres profissionais poderosas e bem remuneradas conseguia dizer era: "Quem tem tempo para o amor?". E era ainda mais extremo quando elas colocavam a pergunta: "Quem precisa de amor?".

As mulheres da minha geração aprendemos do jeito mais difícil que poderíamos ter todo tipo de sucesso na carreira e ainda sermos aniquiladas por uma baixa autoestima incapacitante. Agora sabemos que a coisa mais feminista que uma mulher pode fazer por seu próprio bem é se dedicar à construção de uma autoestima positiva, que é a base do amor-próprio. Pois é essa base que nos prepara para amar bem e completamente. Seja para exercer a profissão de astronauta, advogada ou coletora de lixo, seja para escolher de bom grado ser autônoma ou dona de casa, mulheres sábias compreendem que o amor-próprio vai determinar o grau de realização em qualquer uma dessas tarefas. É por isso que a ativista feminista e terapeuta de longa data Phyllis Chesler escreve, em *Letters to a Young Feminist* [Cartas para uma jovem feminista]:

> Na minha época, as mulheres mais velhas não diziam muita coisa às mais jovens sobre o que é necessário para que uma mulher se torne plena, continue plena e sobreviva. Se elas tivessem falado, teríamos entendido já há algum tempo que nossa primeira e maior busca deveria ter sido por nós mesmas, e não por um príncipe (ou princesa), não importa quão encantado.

No começo do movimento feminista contemporâneo, era mais fácil culpar o patriarcado por todos os desgostos das mulheres em vez de olhar para dentro e ver como falhávamos conosco, como nos sabotávamos.

De fato, agora há toda uma geração de mulheres que passaram pelo feminismo, lutaram o bom combate, venceram em todas as áreas da vida e, de repente, na meia-idade, voltaram a abraçar os velhos modos sexistas de pensar sobre feminilidade. No mundo inteiro, mulheres ficaram chocadas quando a ativista Jane Fonda recuou para voltar a ser a "esposa subordinada de um homem rico". Mais recentemente, ela recuperou o juízo e agora conta para todo mundo, nas revistas de moda de maior circulação, como foi chato desistir de si mesma. Mas a traição dela ao pensamento feminista, aos próprios esforços para construir uma autoestima saudável que não fosse baseada na presença de um poderoso "Charlie", recebeu muito mais atenção do que sua confissão de que ser uma mulher autorrealizada no controle da própria vida é muito mais satisfatório do que ficar atrás do seu homem, mesmo que ele seja um dos mais ricos do mundo. Como Fonda disse, todo esse poder só fazia com que ele "demandasse" ainda mais o tempo e o espaço dela. O relacionamento era sufocante. Como alguém pode ficar genuinamente surpreso com o resultado dessa união, uma vez que ela representa o tradicional modelo patriarcal de casamento, a esposa sendo absorvida pela identidade do marido?

É importante notar que existem novas mulheres poderosas na faixa dos vinte a trinta anos que são a parte dominante em seus casamentos. Elas ganham mais dinheiro que seus parceiros e também tomam, unilateralmente, a maior parte das decisões do casal. Essas garotas "deusas megeras" com frequência mandam e têm o poder de assegurar seu domínio da maneira que os maridos patriarcais faziam antigamente, determinando a regra de "ou é do meu jeito, ou não tem jeito". Que elas ganhem poder à custa da subordinação masculina não é reflexo do sucesso feminista; é uma marca do fracasso do pensamento feminista em mudar a muito difundida ideia patriarcal de que em todo relacionamento existe uma parte dominante e uma submissa.

Infelizmente, percebi que casais heterossexuais (e os casais gays que assumem esses papéis) com frequência estão mais dispostos a reverter os papéis do que a renunciar à ideia de que deve haver uma hierarquia na qual uma pessoa se sobrepõe à outra. Na esteira das mudanças feministas, ficou mais evidente que poucos casais estão dispostos a fazer o trabalho do amor que possibilitaria alegria mútua nas parcerias. Uma vez que muitos jovens — homens e mulheres — e também pessoas mais velhas não sabem amar, é mais fácil se contentar com as velhas normas de hierarquia, dominação e submissão.

A reciprocidade, como o amor em si, vem por meio do trabalho. Mulheres sábias compreendem que as parcerias comprometidas mais felizes e satisfatórias (institucionalizadas pelo casamento ou não) são aquelas na qual a reciprocidade é o valor central, nas quais o crescimento espiritual e o desenvolvimento de cada pessoa são importantes. Construir o espaço emocional onde a reciprocidade pode surgir leva tempo. As mulheres sábias que amam sabem que precisamos dar tempo ao amor. A maioria das pessoas diz que seus entes amados são o mais importante para elas, mas, ao olhar para o que realmente fazem com seu tempo, fica evidente que quem elas alegam mais amar é quem recebe menos atenção.

Mulheres e homens, garotas e garotos, precisamos reestruturar o modo como gastamos nosso tempo se quisermos ser amorosos. Não é possível termos um desempenho excepcional e uma atuação perfeccionista em nossa vida pública (os estudos e o trabalho) se quisermos aprender a amar, se quisermos praticar a arte de amar. O amor genuíno exige tempo e compromisso. E é assim que acontece com o amor nos contextos de parceria. Amor-próprio exige tempo e compromisso, sobretudo por parte de quem se feriu no espaço onde deveria ter conhecido o amor na infância. As novas mulheres de hoje, a turma de vinte e muitos ou trinta e poucos anos, são tão relutantes quanto os homens patriarcais em achar tempo para o amor. Mulheres sábias na meia-idade sabem que, para muitas de nós, um dos piores arrependimentos é ter falhado no aprendizado do poder e do significado do amor desde cedo. Esse conhecimento teria não apenas possibilitado o entendimento capaz de prevenir que acabássemos emocionalmente abusadas e agredidas como também teria conduzido o amor verdadeiro mais cedo à nossa vida.

Minha esperança para as gerações de mulheres mais novas é que elas examinem desde cedo, e com coragem, os espaços não preenchidos de sua vida, escolhendo sem pudores fazer o trabalho do amor, colocando-o acima de tudo. É preciso dizer muitas vezes que, quando falo de fazer o trabalho do amor, não estou falando simplesmente de parcerias; estou falando sobre o trabalho do amor-próprio em conjunto com o trabalho do amor em relacionamentos. Pensadoras feministas visionárias estavam entre os primeiros grupos de pessoas a chamar atenção para o desserviço que as mulheres prestam a si mesmas quando agimos como se fosse importante apenas encontrar o parceiro certo, alguém para amar, em vez de escolher um círculo de amor. Quando colocamos ênfase na construção de uma comunidade amorosa, da qual um parceiro pode ser parte essencial, mas não o todo, nos libertamos para levar uma vida feliz como pessoas solteiras, e às vezes, se não sempre, como pessoas celibatárias.

O celibato é com frequência uma escolha libertadora de amor-próprio entre mulheres para quem a busca por prazer sexual as levou consistentemente a armadilhas de autossabotagem. Ao escrever, em *A vinda do Cristo cósmico*, sobre as razões pelas quais muitas mulheres heterossexuais contemporâneas escolhem o celibato, Matthew Fox explica:

> Conforme as mulheres desenvolvem cada vez mais sua consciência e percepção, e na medida em que os homens resistem a fazer o mesmo, uma situação sociológica vai prevalecer, na qual muitas mulheres de fato não conseguirão encontrar homens de seu calibre e no mesmo nível de consciência com quem possam compartilhar a vida. [...] Muitas mulheres estão considerando o celibato uma alternativa melhor do que serem vítimas de relacionamentos abusivos.

Sexualidade sem prazer não é algo afirmativo da vida. Dentro da intimidade patriarcal, muitas mulheres fazem sexo contra sua vontade e seu desejo. Os parceiros podem ou não ser coercivos. Muito homens ficariam chocados ao descobrir que suas parceiras estão fingindo interesse sexual e fingindo sentir um prazer que não sentem — em alguns casos, nunca.

O movimento feminista ao qual muitas de nós aderimos convergiu com a libertação sexual. E, como muitas jovens de hoje, acreditávamos que era importante provar nossa igualdade com os homens no mundo hedonista de sexo casual e sem significado. Poucas de nós sentem que essas experiências melhoraram nossa vida ou nossa sexualidade. Com frequência, a diversão não estava no sexo, mas na transgressão aos tabus sexistas convencionais. Não era bacana naqueles dias, nem é bacana hoje, falar abertamente sobre o desejo de fazer sexo dentro de um relacionamento amoroso. Uma das passagens mais comentadas em *Tudo sobre o amor*, do capítulo "Romance: o doce amor", foi esta:

O melhor sexo e o sexo mais satisfatório não são a mesma coisa. Tive ótimas relações sexuais com homens que eram terroristas íntimos, homens que seduzem e atraem dando justamente o que você sente que o seu coração precisa e então, gradual ou abruptamente, param quando percebem ter conquistado a sua confiança. E eu me senti intensamente realizada sexualmente em vínculos com parceiros amorosos que tinham menos habilidade e experiência. [...] Mulheres esclarecidas querem encontros eróticos prazerosos tanto quanto os homens, mas, no limite, preferimos a satisfação erótica dentro de um contexto em que exista conexão íntima, amorosa.

Isso é igualmente verdadeiro para homens amorosos. O terapeuta Fred Newman coloca a questão da seguinte forma, em *Let's Develop: A Self-Help Guide to Continuous Personal Growth* [Vamos nos desenvolver: um guia de autoajuda para o crescimento pessoal contínuo]: "O melhor tipo de sexo, o sexo no qual há a menor medida de fingimento — o sexo mais gratificante e satisfatório —, é o que você faz com a pessoa com quem você é mais sincero". Nenhuma mulher de meia-idade que eu tenha entrevistado para este livro enxergava a conquista sexual ou a satisfação como prova de que sua vida tinha significado. Com muita frequência, muitas das mulheres heterossexuais que entrevistei se sentiam insatisfeitas com o tipo de relação sexual que vivenciavam dentro da cultura patriarcal.

O sexo mais recompensador e satisfatório acontece no contexto de reciprocidade, de anseio e de desejo consensuais. Andrea Dworkin nos relembra, em *Intercourse* [Intercurso]: "Numa transa, a interioridade dos indivíduos está em jogo; e a intimidade frágil e única da entrega extrema torna a comunhão possível, ao alcance humano: nem transcendental, nem sobrenatural, mas uma experiência de amor na própria carne". Moças muito novas ainda estão fazendo um sexo que não querem, tanto em relações casuais quanto em envolvimentos mais sérios, por medo de desagradar seus parceiros. Mulheres experientes amorosas sabem que garotas de todas as idades precisam se atrever a levar sua existência erótica a sério. Isso significa cultivar o mais cedo possível um relacionamento saudável com o corpo, a sensualidade e a sexualidade. O aumento do sadomasoquismo sexual tanto na vida cotidiana quanto na intimidade parece ser uma reação direta às mudanças não resolvidas na natureza dos papéis de gênero — o fato de que tanta igualdade de gênero exista no mesmo contexto do patriarcado opressivo de sempre. Vamos encarar o fato de que fica mais fácil erotizar a dominação se você sente que não consegue mudá-la. Mulheres e homens não sabem o que fazer, quais papéis desempenhar. O sadomasoquismo sexual amplia o campo de jogo, concede a todo mundo acesso a mais papéis, sem instaurar mudanças concretas nos modos como o poder e o afeto são distribuídos nos relacionamentos, nas esferas pública e privada.

Faz pouco tempo que mulheres sábias amorosas começaram a criar os mapas da sexualidade feminista libertadora, a cartografar uma jornada para mulheres e homens que nos permita abraçar a paixão sexual de uma maneira que nos liberte em vez de nos amarrar. Sabemos bem que mulheres de todas as idades devem continuar a busca por agência sexual, que isso é parte da nossa declaração de amor-próprio saudável. Se soubermos como dar amor, também reconheceremos o amor que queremos receber. E isso é uma forma de poder. Quando mulheres de todas as idades amarmos nosso corpo e quem somos, seremos capazes de definir os limites apropriados, de fazer escolhas por meio das quais nosso bem-estar será acentuado, assim como o bem-estar das pessoas com quem escolhemos compartilhar prazer sexual.

A autorrealização não é tarefa fácil. E pode muito bem acontecer de existirem mulheres que acham mais fácil transformar os homens em alvo, culpando-os por tudo que continua não realizado na vida delas, em vez de fazer o trabalho do amor. Mulheres experientes amorosas sabemos que, não importa a força do patriarcado, devemos assumir a responsabilidade de mudar nossa vida de maneiras que nos empoderem; devemos escolher amar e escolher aprender, através do amor, modos de superar todas as barreiras existentes que nos impedem de sermos totalmente autorrealizadas. Assumir a responsabilidade pela própria vida, pela felicidade e pelo bem-estar é um aspecto integral da autoestima. Os homens patriarcais frequentemente invejam as mulheres porque o sexismo torna aceitável que elas busquem que outra pessoa as faça felizes. Esse é o mito crucial que as mulheres sábias, avançando para a meia-idade, derrubam em benefício das jovens mulheres que estão chegando hoje.

Ninguém pode nos outorgar felicidade ou alegria duradoura se não tivermos encontrado o caminho para a alegria dentro de nós mesmas. O autoconhecimento é o caminho para descobrir o segredo da alegria em nossa própria jornada. Podemos encontrar nossa maior alegria em parcerias, em comunidade. Dada a natureza interdependente da vida, da existência no planeta, compartilhar um encontro comunal é vital para nossa sobrevivência. Mas a alegria que compartilhamos deve vir de dentro, deve estar enraizada em nossa própria alma. Foi apenas recentemente na nossa história cultural que mulheres ousaram falar abertamente sobre a importância de nutrirem sua alma, sua espiritualidade. Os ataques que o feminismo recebe da mídia de massa impedem que o grande público saiba que o feminismo contemporâneo serviu como catalisador para o despertar espiritual de muitas mulheres por ter dito a elas que cuidar da alma era importante.

Celebrando uma espiritualidade centrada na mulher, que honra a Terra e a interconexão de todas as vidas no planeta, em *Lost in the Land of Oz* Madonna Kolbenschlag elogia a busca feminina por união com o divino, por uma vida cheia de espírito:

> Gradualmente, descobri, por meio da mediação de outras mulheres, o que eu não conhecia nem amava em mim mesma. Minha própria experiência e a de outras mulheres me abriram para mim mesma, para a minha realidade de mulher e para o sagrado dentro de mim. [...] Na companhia de mulheres plenas e sagradas, aprendi a exorcizar o irreal, a celebrar e ritualizar a verdade e o real, a falar e ter uma nova linguagem, a sentir o espírito através da carne e da matéria, a ver tudo — desde dentro — como se a criação fosse o Útero divino, onde, embora experimentemos escuridão e obscuridade, também há calor, nutrição, movimento, crescimento, conexão e deleite.

Mulheres sábias compreendem que devemos cuidar do nosso ser espiritual. E não há liberdade que possa ser encontrada e desfrutada enquanto não estiver tudo bem com nossa alma.

Aprender a amar tornou possível cuidarmos da alma e redescobrirmos as buscas por visões espirituais de mulheres ancestrais que nos oferecem orientação e sabedoria. Toda mulher deveria ter, em seu círculo de amor, companheiros para a alma. A nutrição da alma nos sustenta quando toda a pompa de poder, sucesso e bem-estar material perde sentido. Para encarar a vida em toda sua integridade e complexidade, o que eu gosto de chamar de "o bom, o ruim, o feio e o obsceno", sem cair na desonestidade ou no desespero, precisamos de uma alma que esteja pronta para ser nosso conforto e nosso escudo. Essa presença de alma, esse prazer em encarar a vida e vivê-la, nos chega conforme avançamos no caminho para o amor, conforme procuramos amor. É a dádiva abundante.

O amor verdadeiro é generoso e sempre se renova. Mulheres sábias que amam não sentimos medo de abrir o coração para mulheres mais jovens, para que elas possam conversar conosco sobre os medos, necessidades, desejos e aspirações mais profundos. Ao derrubar os falsos muros criados por um pensamento sexista que nos separa, estabelecemos os alicerces para que surja a verdadeira sororidade: uma solidariedade através do tempo e das épocas que conecte gerações de mulheres com fortes laços de amor perpétuo.

16.
êxtase: comunhão amorosa

Sentindo que grandes forças tinham levado as mulheres a silenciar o desejo de amar e ser amadas, especialmente as mulheres de meia-idade, eu queria retomar a discussão. Ao ouvir tantas mulheres contando que encontraram o amor correspondido pela primeira vez na meia-idade, pensei que era hora de compartilhar as boas-novas. Quando comecei a escrever, imaginava que meu público seria formado principalmente por mulheres como eu, uma turma acima dos quarenta, que tinha conhecido a crítica feminista do amor e a superado.

Relendo o livro *Bitch: In Praise of Difficult Women*, de Elizabeth Wurtzel, me entristeceram as passagens em que ela aborda o amor. Falando de suas semelhantes (mulheres com menos de quarenta), ela escreve: "Nenhuma de nós está melhorando no amor: estamos com mais medo dele. Para começar, não recebemos boas habilidades, e as escolhas que fizemos até agora tendem a reforçar nossa sensação de que é tudo inútil e não há esperança". Chorei ao ler esse trecho. Ele tratava da solidão e do medo de não conhecer o amor que eu observo em tantas pessoas que amo, jovens mulheres brilhantes que estão no início de uma carreira promissora e empolgante e seus semelhantes masculinos que têm sido meus amigos e amantes. Escrevi meu primeiro livro que tratava do amor, *Tudo sobre o amor*, como uma espécie de obra de referência, que explicaria e guiaria. Brinquei com um ex-namorado muito mais jovem, com quem tenho um laço primário, que eu estava escrevendo para que ele entendesse "o que o amor tem a ver com isso", para que ele entendesse que "o amor é tudo".

Quando comecei a escrever este terceiro livro sobre o tema, focado mais especificamente em mulheres e amor, decidi, em parte depois de reler Wurtzel, que era importante falar não apenas com minhas contemporâneas mas com todas as mulheres, sobretudo as mais jovens. Minha esperança era de que todas as ideias que eu compartilhasse sobre a busca das mulheres pelo amor, sobre o valor do amor em nossa vida, aliviariam alguns medos e ajudariam a possibilitar que elas abrissem o coração, que amassem sem medo. Não fico feliz de relatar que comecei a entender o significado e o poder do amor quando tinha trinta e tantos anos. Embora eu acredite que não teria evitado sofrimentos ou mágoas se soubesse melhor como amar naquela época, não teria desperdiçado tanta energia com a falta de amor e teria sofrido muito menos de depressão, coisas que abalaram minha capacidade de arriscar e confiar.

O fato de que mulheres com o coração muito sofrido ainda desejam amar é uma prova do poder do amor. Saber que tantas mulheres mais velhas que tinham desistido do amor na juventude agora o retomam, para reivindicar, redescobrir, refazer e regozijar-se, deveria dar esperança às jovens. Aprendemos a diferenciar o amor verdadeiro da fantasia de ser resgatada. Erica Jong descreve isso bem, no ensaio autobiográfico "Pathfinder" [Desbravadora], ao confessar:

Até meus quarenta e tantos, acreditava honestamente, como que por instinto [...] que em algum lugar existia um homem, melhor do que o meu, que teria o poder de transformar minha vida. [...] Esse sonho romântico de resgate é extremamente sedutor para muitas mulheres porque é muito edipiano: a fantasia de pais todo-poderosos que vão cuidar de você para sempre. A maior liberdade que tenho agora é ter deixado de acreditar que qualquer pessoa pode salvar minha vida.

À medida que as mulheres realmente amarem a si mesmas, uma lição que muitas de nós não aprendem até a meia-idade — embora não devesse ser assim —, veremos como é fácil nos salvar, escolher nossa própria salvação.

Algum dia o mundo estará profundamente mudado, e jovens mulheres encontrarão bem mais cedo o caminho do amor; agora ainda acontece de muitas de nós chegarmos ao amor por meio de um sofrimento que nos desperta e exige que observemos a vida com mais profundidade. Esse sofrimento, raramente voluntário, é, a seu próprio modo, uma preparação para a paixão. O significado original de "paixão" é "sofrer". As paixões que escolhemos são diferentes daquelas que nos são infligidas por sermos ingênuas, ignorantes ou desesperadas. As paixões que escolhemos nos despertam e nos transformam. Isso inclui a paixão sexual.

Gostaria que houvesse páginas e tempo suficientes para registrar todas as histórias de mulheres que chegam a um despertar erótico o qual muitas duvidavam que aconteceria na meia-idade. Com frequência, o despertar erótico de mulheres de meia-idade não é levado a sério, especialmente num sistema médico dominado por homens, como se fossem apenas hormônios desgovernados. As mulheres sabem que há muito mais acontecendo na nossa psique, preparando-nos para abrir a mente e o coração para as experiências eróticas mais intensas da vida na meia-idade.

A menopausa é um momento empolgante para muitas mulheres porque coloca um fim em ciclos de sangramento que atrapalham o prazer sexual e o conforto físico. Como atesta o grande número de analgésicos disponíveis para os sintomas da tensão pré-menstrual (TPM), os ciclos menstruais provocam todo tipo de desconforto que torna o ato sexual um verdadeiro incômodo para a maioria das mulheres nesse período. Mesmo aquelas mulheres em relacionamentos estáveis de longo prazo, de uma época anterior ao surgimento do HIV, que gostam de sexo enquanto sangram, admitem que ter de lidar com lençóis manchados estraga a diversão. Eu sempre ficava incomodada quando meu ginecologista, um homem progressista "feminista", tentava me confortar com relação à histerectomia que fui obrigada a fazer por causa de miomas e sangramento constante, me dizendo que eu experimentaria uma nova fase na vida. Ele me disse que o sexo ia ser ótimo — melhor que nunca. Eu ficava pensando: o que ele entende disso? Ele teria realmente pesquisado e perguntado a mulheres sobre o sexo após a histerectomia? Na época, não encontrei nenhum artigo que fosse direto ao ponto e explicasse tudo: como ter ótimo sexo após a histerectomia. Na verdade, encontrei mais material alertando que eu poderia experimentar uma falta de desejo sexual. Meu médico afirmava constantemente que não havia razão biológica para essa mudança, que tudo dependia principalmente da cabeça e do coração. Se você acredita que vai ter ótimo sexo após uma histerectomia ou após qualquer grande cirurgia que retire parte de seu corpo, provavelmente vai mesmo.

Demorou um tempo, mas ele estava certo. Eu não fazia ideia de como o sofrimento por causa do meu ciclo tinha me deprimido e inibido sexualmente. Mas a dor e a tristeza que experimentei depois da histerectomia também me deprimiram. Meu retorno ao sexo heterossexual foi assustador. Depois que seu corpo passa pelo que parece um suplício e fica totalmente mudado, não é tão simples agir sexualmente. Por sorte, retornei ao sexo com um parceiro cuidadoso e sensível às minhas necessidades e à situação pela qual eu estava passando fisicamente. Logo renovei o entusiasmo por prazer sexual e descobri que ele estava mais intenso que nunca. Parte dessa intensidade existia porque eu não tinha mais os altos e baixos comuns do período menstrual.

Independentemente da causa pela qual se encerra o ciclo de uma mulher, seja por uma cirurgia imprevista, seja pela menopausa biológica natural, acreditamos que as experiências sexuais melhoram da meia-idade em diante sobretudo porque nos sentimos melhor com relação a quem somos. No livro de Beth Benatovich, *A sabedoria das mulheres*, uma coletânea de entrevistas com mulheres de meia-idade ou mais velhas, todas as entrevistadas confirmam que é a expansão do autoconhecimento que melhora a vida de todas elas. Elas têm mais clareza de quem são e do que querem. E, mais importante, estão dispostas a correr os riscos necessários para trazer novos prazeres e alegrias para sua vida. A escritora Grace Paley declara:

> Eu sempre dou risada quando ouço pessoas falando que têm cinquenta anos e estão acabadas. Talvez exista uma expectativa nos

Estados Unidos de que, depois dos cinquenta, o trabalho acaba, o amor acaba, a vida acaba, mas, na minha experiência, foi o oposto. Provavelmente, a parte mais intensa e surpreendente da minha vida se deu entre os meus quarenta e tantos anos e os cinquenta. Você chega ao ponto de ter noção sobre o que pode fazer no mundo. Você está mais livre do que nunca: livre para fazer todo tipo de trabalho... e livre para encontros. Entre minhas amigas, alguns de seus melhores relacionamentos aconteceram depois dos cinquenta.

Quando cheguei aos quarenta, comecei a escutar com mais consciência e intensidade a sabedoria de mulheres de cinquenta anos ou mais, porque sentia que elas me dariam as melhores e mais realistas noções das possibilidades à frente. A imensa maioria das mulheres que entrevistei e com quem conversei acreditava estar passando por um novo despertar. Embora enfrentemos novas dificuldades na meia-idade, a sensação geral é de que nos tornamos mais capazes de lidar com as dificuldades de modo mais construtivo e positivo.

Mulheres que estavam vivendo a meia-idade ou os anos posteriores como um tempo de perdas e de isolamento costumavam ser aquelas que nunca tinham se arriscado e eram incapazes de lidar com alterações da realidade, com a não realização das expectativas que tinham na vida. Uma amiga inteligente e atraente (apesar de estar apenas no meio dos cinquenta) compartilhou comigo o fato de que não namora mais, não faz mais sexo. Ela lamentou que os homens não a abordavam mais como costumavam. Quando perguntei se ela os abordava, sua resposta foi que ela "simplesmente não podia fazer isso". Ela também não imaginava criar laços com homens mais jovens. Na sua visão de mundo, uma mulher sempre escolhe um homem um pouquinho mais velho. Esse pensamento a mantém travada. Tudo poderia ser diferente se ela mudasse de opinião.

Existe um número considerável de mulheres de meia-idade que escolhem parar com os encontros românticos sexuais. Para elas, essa escolha é uma afirmação da vida. Umas das mulheres lésbicas anônimas entrevistadas para o *Relatório Hite* sentia que, depois de passar por uma mastectomia, suas ideias sobre romance mudaram. Ela não estava mais interessada em formar um casal ou trocar abraços; em vez disso, desejava uma eroticidade do ser. Embora isso tenha perturbado seus amigos, que não podiam imaginar a vida sem um relacionamento, ela se sentia profundamente satisfeita, dizendo:

O principal é que, desde a mastectomia, percebo mais do que nunca como amo estar viva. Eu amo — eu simplesmente amo viver. Gosto do que faço. Gosto de socializar. Amo ler livros. Amo estar sozinha. Amo assistir aos meus programas. Amo ir a festas. Amo dançar. Amo passear com o meu cachorro. Amo a praia. Tenho muitos prazeres na vida. Simplesmente amo as coisas que faço.

Sua escolha de não formar um casal abriu espaço para que ela abraçasse uma existência passional. Esse pode ser o significado de amor verdadeiro na vida dela.

A recusa em desistir do amor não precisa se manifestar por meio dos modos convencionais de procurar um par. Ela pode se manifestar na busca por um relacionamento mais autêntico entre si e o mundo. Em *Revolution from Within*, Gloria Steinem admite que, durante boa parte de sua vida amorosa, ela procurou nos homens as potências que não havia desenvolvido em si mesma. Tendo tomado a decisão consciente de abandonar o romance sexual aos cinquenta e tantos anos, ela confessa: "A verdade é que encontrar a nós mesmas traz mais entusiasmo e bem-estar do que qualquer coisa que um romance possa oferecer — e de alguma forma sabemos disso". Isso é especialmente verdadeiro para mulheres que passaram anos, quase a vida toda, subordinadas a outros, ou em relacionamentos de autossacrifício em prol de causas que não deixavam tempo para sua subjetividade. Para elas, o amor talvez seja encontrar a alma gêmea interior e cuidar desse vínculo pelo resto de seus dias. Todos aqueles que interagem com elas têm o prazer de ser influenciados por esse novo relacionamento com o amor. Isso é tão empolgante e estimulante quanto qualquer romance. E, como garante Steinem, recentemente casada, o amor pode encontrar você quando não estiver procurando por ele.

O romance é diferente quando duas pessoas se aproximam a partir de uma atmosfera de conhecimento e não de completo mistério. Não importa quão bem cheguemos a conhecer outra pessoa — há sempre uma área oculta. Nossas ideias sobre amor romântico ensinaram mulheres e homens a acreditar que a tensão erótica dependia da ausência de comunicação e entendimento. Essa desinformação sobre a natureza do amor ajudou a fortalecer as políticas de dominação — particularmente, a dominação masculina sobre as mulheres. Sem conhecermos um ao outro, nunca poderemos experimentar a intimidade. Mas, se os homens aprendem desde o nascimento que a essência da masculinidade reside em não permitir que alguém os conheça, faz sentido que haja conflitos de gênero, que os homens pareçam viver num planeta diferente das mulheres (isto é, homens são de Marte, mulheres, de Vênus). Seria bom se todos escutássemos a terapeuta Olga Silverstein e sua compreensão crucial de que "melhores habilidades de comunicação" não vão resolver os conflitos de gênero enquanto mulheres e homens não aceitarem que "são necessárias duas pessoas plenas, que reconheçam que vivem no mesmo planeta — Terra —, para haver uma comunicação íntima". É isso que as mulheres querem. Queremos conhecer os homens do nosso convívio, sejam eles pai, tios, irmãos, amantes ou amigos, e que esse conhecimento seja a base para conexão e intimidade.

Enquanto mulheres e homens não começarem a pensar no conhecimento como um espaço erótico de conexão, tanto de autocompreensão quanto de compreensão do outro, não poderemos mudar nossa ideia de romance. Dentro da cultura patriarcal, a maioria das pessoas aprende que o amor romântico é uma união de opostos. As mulheres muitas vezes esperaram que os homens, sobretudo os mais poderosos, preenchessem os espaços incompletos na vida delas. Isso nunca funciona. John Welwood nos diz, na introdução de seu livro *Alquimia do amor*:

> Imaginamos que deveríamos ser capazes de estabelecer um relacionamento rico e satisfatório com alguém que amamos, mesmo que nunca tenhamos aprendido a nos relacionar com nós mesmos de modo rico e satisfatório. [...] Com frequência não vemos que a maneira como nos relacionamos com o outro inevitavelmente espelha o modo como nos relacionamos conosco, que nossos relacionamentos exteriores não são mais que uma extensão de nossa interioridade, que só conseguimos ser abertos e presentes com o outro na mesma medida em que somos com nós mesmos.

No passado, as mulheres não eram incentivadas desde a infância a olhar profundamente para dentro e sentir plena satisfação com o que encontravam. E ainda acontece (como todas as pesquisadoras de infância nos lembram) de uma garota reflexiva e introspectiva não ser tão incentivada a buscar por individualidade quanto um semelhante masculino. As mulheres de meia-idade oferecem às mais jovens a verdade de nossa experiência: o amor só vem quando encontramos o amor interior. Arriscar-se no autoconhecimento é começar a jornada do amor.

Muitas mulheres encontraram ou encontram o amor tarde na vida porque levaram todo esse tempo para despertar, para voltar e fazer o trabalho original do amor — isto é, cultivar o cuidado, o conhecimento, o respeito e a responsabilidade consigo mesmas. Quando fazemos esse trabalho mais cedo, adquirimos as habilidades necessárias para amar e receber amor. Rompendo com o pensamento equivocado sobre o amor que é comum na cultura patriarcal, embarcamos na busca por amor e nos relacionamentos sabendo que não existe nada mais romântico do que a intensidade da conexão mútua. Essa intimidade cria o alicerce para que dois indivíduos se tornem almas gêmeas — parceiros dispostos a fazer o trabalho do amor.

Quando fazemos bem esse trabalho, o amor verdadeiro se torna realidade. A vida se transforma. Embora ninguém possa fazer o trabalho de autocompreensão e amor-próprio por nós, quando nos unimos a outra pessoa em um vínculo comprometido, somos transformadas. O eu interior cresce e se expande. É por isso que John Welwood acredita que "o amor verdadeiro sempre exige grande ousadia". Na meia-idade, as mulheres conseguem encontrar, e na maioria das vezes encontram, a coragem de abrir o coração. Essa abertura é o espaço por onde o amor verdadeiro entra, intensificando a alegria, elevando a consciência. Welwood traz esta percepção:

> A consciência nascida do amor é a única força que pode trazer cura e renovação. Movidos pelo amor por outra pessoa, nos tornamos mais dispostos a deixar nossas velhas identidades secarem e caírem e adentramos a noite escura da alma, para nos despirmos mais uma vez frente à presença do grande mistério que reside no âmago de nosso ser.

Ganhamos coragem por meio da experiência.

É preciso coragem para que as mulheres se oponham à sedução da dominação, à transformação do amor em sinônimo de conflito erótico entre as pessoas poderosas e as desprovidas de poder. Rejeitar as perversões patriarcais do amor — a exigência de negligenciar a si mesma para priorizar outros — foi certamente essencial para o crescimento coletivo das mulheres. Apesar disso, rejeitamos a visão negativa do amor e não a substituímos por uma visão positiva, que transformasse, curasse e renovasse. Com o tempo, as mulheres começaram a sentir vergonha do fato de que toda a pompa das recém-conquistadas igualdade e presença pública não ajudava a satisfazer a alma. Não surpreende que muitas de nós tenham começado a reconsiderar as velhas visões românticas de resgate e salvação em relacionamentos, buscando uma segurança emocional que, mesmo quando encontrada, permanece insatisfatória e não nos realiza. Conforme deixamos para trás as coisas do passado que são apenas fardos — os relacionamentos que aprisionam em vez de nos libertar —, conforme passamos por uma mudança de atitude, desenvolvemos a força interior necessária para percorrer o caminho até o amor, para fazer da nossa busca por amor uma grande aventura e uma profunda busca espiritual.

Ao longo do trajeto, encontramos almas gêmeas, amizades verdadeiras, companheirismo para a vida. Encontramos comunhão. Outro grande presente que as mulheres oferecem àquelas que ainda não tenham descoberto esses prazeres é a sabedoria de que é melhor ter a alegria de dançar num círculo amoroso do que dançar sozinha. Embora uma parceria romântica e/ou uma alma gêmea possa nos trazer alegria, adicionaremos essa alegria ao amor já compartilhado com todas as pessoas que nos são realmente primordiais — o círculo para o qual nos voltamos e que se volta para nós —, sabendo que elas vão sempre nos encontrar ali. Não importa quão doce seja o amor entre duas pessoas, estaremos pedindo demais se exigirmos que esse relacionamento e essa única pessoa sejam "tudo". A verdade que nunca esquecemos é que "o amor é tudo". E porque o amor tem esse poder, ele está sempre conosco, dentro de quem ama. Ele nos oferece a possibilidade de comunhão contínua.

Para estar em comunhão, nos unimos e compartilhamos nossos dons. Iluminando essa ideia em *The Eros of Everyday Life*, Susan Griffin explica:

> Existir em estado de comunhão é estar ciente da natureza da existência. É aqui que ecologia e justiça social se unem, com o conhecimento de que a vida é um bem comum. Saibamos ou não, existimos porque trocamos, porque movimentamos nossos dons. E o conhecimento disso é tão crucial para as condições da alma quanto sua prática é para o corpo.

É mais do que justo que nós, mulheres que avançamos tanto ao exigir o reconhecimento de nossa humanidade, de nossa igualdade e de nossos talentos — e que colhemos diariamente os benefícios dessa luta —, sabiamente clamemos por um retorno ao amor. Mulheres com amor oferecem ao mundo seus dons interiores, procurando companhias para compartilhar respeito e reconhecimento mútuos — uma comunhão de almas que vai perdurar e nos sustentar.

bell hooks nasceu em 1952 em Hopkinsville, então uma pequena cidade segregada do Kentucky, no sul dos Estados Unidos, e morreu em 2021, em Berea, também no Kentucky, aos 69 anos, depois de uma prolífica carreira como professora, escritora e intelectual pública. Batizada Gloria Jean Watkins, adotou o pseudônimo pelo qual ficou conhecida em homenagem à bisavó, Bell Blair Hooks, "uma mulher de língua afiada, que falava o que vinha à cabeça, que não tinha medo de erguer a voz". Como estudante passou pelas universidades Stanford, de Wisconsin e da Califórnia, e lecionou nas universidades Yale, do Sul da Califórnia, no Oberlin College e na New School, entre outras. Em 2014, fundou o bell hooks Institute. É autora de mais de trinta obras sobre questões de raça, gênero e classe, educação, crítica cultural e amor, além de poesia e livros infantis, das quais a Elefante já publicou *Olhares negros*, *Erguer a voz* e *Anseios*, em 2019; *Ensinando pensamento crítico*, em 2020; *Tudo sobre o amor* e *Ensinando comunidade*, em 2021; *A gente é da hora*, *Escrever além da raça* e *Pertencimento*, em 2022; *Cultura fora da lei* e *Cinema vivido*, em 2023; e *Salvação*, em 2024.

© Editora Elefante, 2024
© Gloria Watkins, 2024

Título original:
Communion: The Female Search for Love
© All rights reserved, 2002
Authorised translation from the English language edition published
by Perennial, an imprint of HarperCollins Publishers.

Primeira edição, março de 2024
Primeira reimpressão, julho de 2024
São Paulo, Brasil

Dados Internacionais de Catalogação na Publicação (CIP)
Angélica Ilacqua CRB-8/7057

hooks, bell, 1952–2021
Comunhão: a busca das mulheres pelo amor / bell hooks;
    tradução de Julia Dantas. São Paulo: Elefante, 2024.
    288 p.

ISBN 978-65-6008-031-7
Título original: *Communion: The Female Search for Love*

1. Mulheres – Amor
2. Feminismo
3. Mulheres – Aspectos sociais
4. Autopercepção em mulheres
I. Título II. Dantas, Julia

23-6576   CDD 305.4

Índices para catálogo sistemático:
1. Mulheres – Amor

elefante

editoraelefante.com.br
contato@editoraelefante.com.br
fb.com/editoraelefante
@editoraelefante

fontes H.H. Samuel e Calluna
papéis Cartão 250 g/m² & Lux Cream 60 g/m²
impressão BMF Gráfica